세계사톡

1 고대 세계의 탄생

무적핑크·핑크잼 지음 — YLAB 기획 — 모지현 해설

위즈덤하우스

그때, 그들은 어떤 사람들이었을까

- 모지현

바야흐로 지식과 정보가 넘쳐난다. 어떤 사건이 발생하면 그 사건의 배경과 진행 과정, 관련 인물들의 소소한 일화와 결과 예측까지 수많은 정보가 내 일상으로 들어온다. 외국인들이 한국에 와서 가장 놀라는 무수한 와이파이존과 데이터 전송 속도 때문일까. 매일 교실 수업으로 배운 것보다 많은 데이터들이 쏟아진다. 그러다 보니 방대한 정보 속에서 길을 잃지 않고 잘 판단하는 것이 무척 중요해지고 있다.

지식은 사건 자체를 다뤄 시간이 지나면 잊히지만 지혜는 사건이 남긴 메시지를 사람들이 각자의 삶에 녹여 시간이 묵을수록 빛을 발한다. 역사를 배운 사람들의 삶에 지식만이 아닌 그 모든 지혜들이 스며들어 때로는 개인의 작은 삶을 통해서도 역사의 흐름이 이어지거나 바뀌기도 한다. 현재 우리의 '삶'에 과거 그들의 '역사'가 중요한 의미인 이유이다.

『세계사록』에서는 세계 역사 속에서 익숙한 장면들은 더욱 실감나게, 그동안 희미하게 보였던 모습들은 잡을 수 있을 만큼 가깝게 느껴질 것이다. 『세계사록』은 지금껏 시험 성적 때문에 외워야 하던 내용이 아닌, 그 세계와 친해지고 싶고 그를 통해 내 우주가 넓어지는 것이 즐거워 저절로 기억되는 이야기들이다. 게임에서 아군 혹은 적군으로 만난 아메리카와 유럽의 하드 캐리Hard Carry하는 게이머들의 이야기이며, 한국에서 많이 만날 수 있는 중국인들에 관한 이야기이기도 하다. 고대 이집트의 오벨리스크가 스물아홉 개 중 아홉 개만 이집트에 남아 있는 이유에 대한 이야기이며 대영 박물관, 루브르 박물관 전시물 자체가 보여주는 그들의 침략에 관한 이야기이다. 일본, 베트남 사람들에 대한 우리의 시선에 관한 이야기이고, 인디언이나 에스키모보다 아메리카 원주민, 이누이트나 유피크라고 부르는 것이 더 아름답다는 이야기이다. 이 지구상 우리와 같은 공간을 예전에 이용했던 사람들이 먹고 자고 울고 웃고 나누던 이야기이다. 농사를 짓고 도시를 만들고 문자를 사용하며 길을 이어 서로 오가고, 예술품과 사상을 만들며 업적을 쌓기도 하고, 전쟁을 벌이고 빼앗기도 했지만 화해하고 협력하기도 한 사람들의 이야기이다.

　내가 배운 것은 내 삶의 변화를 통해 확증된다. 그저 알고 기억만 하는 것은 내 삶에 흔적을 남기지 못한다. 정당성을 기반으로 하지 못한 최고의 권력이 얼마나 허무한지, 무고한 희생 위에 쌓은 업적은 그 의미가 얼마나 뼈아픈지, 느리게 가도 같이 가는 것이 멀리 보면 얼마나 빨리 가는 것인지, 눈앞의 이익만 바라보다 결국 더 큰 것을 놓치는 일들이 얼마나 가슴을 시리게 하는지. 그리스와 로마, 페르시아의 흥망성쇠를 통해, 종교의 발흥들과 십자군 전쟁을 통해, 신항로 개척과 절대왕정, 아시아 국가들의 근대사를 통해, 시민혁명들과 아메리카, 아프리카, 오세아니아의 숨겨진 역사, 공황과 세계 대전 등을 통해 인간이 얼마나 한계가 많은 존재인지, 그럼에도 함께하고자 하는 인간의 모습이 얼마나 위대하고 아름다운지, 새로운 길을 내기 위해 희생하는 사람과 그로 인한 사회 변화의 물줄기는 얼마나 세차고 빛나는지를 느끼게 될 것이다.

　누군가를 이해하고 사랑하게 되면 그 사람과 같은 공간을 나누는 것이 불편하지 않고 더 풍요로워졌다고 생각하게 된다. 우리나라를 찾아오는 많은 세계인들을 이해하는 데 그들의 역사를 아는 것만큼 의미 있는 것이 있을까. 그들의 과거를 알고 이해하게 된다면 그들과 함께하는 우리의 현재와 미래는 더욱더 가치 있고 풍요로울 것이다.

　"사람이 만든 책보다 책이 만든 사람이 더 많다"고 한다. 세계사를 공부한 사람과 만화를 사랑하는 사람들이 만나서 유쾌하게 그려간 『세계사톡』이, 그 여정에서 더욱 넓고 단단하고 아름다운 사람들을 책보다 많이 만들어낼 수 있길 소망한다.

인류의 탄생에서 제국 건설까지

-모지현

"누구도 같은 물에 두 번 발을 담글 수는 없다. 두 번째 발을 담글 때 강은 같은 강이 아니고, 그도 같은 사람이 아니기 때문이다."

"이미 있던 것이 후에 다시 있겠고 이미 한 일을 후에 다시 할지라 해 아래에는 새것이 없나니."

그리스의 철학자 헤라클레이토스와 이스라엘 왕 솔로몬이 남긴 것으로 전해지는 이 구절들은 서로 대립되는 것처럼 보인다. 그럼에도 둘 다 수긍이 가는 것은 인간의 역사가 이를 모두 말해주고 있기 때문일 것이다. 지구상에서 '인류'가 출현하여 문명을 일구고 국가를 건설한 것은 그 어떤 변화와도 비교할 수 없는 혁명적 사건이다. 그와 함께 인간의 역사는 진행 과정에서 발전과 융성, 그리고 몰락을 예상할 수 있는 되풀이되는 장면들 또한 창조해냈다.

『세계사록』 1권에서는 이러한 인간 역사의 뿌리를 다룬다. 인류의 탄생에서 시작해 문명의 발생, 고대 국가들, 동서양 최초 제국들의 번성과 쇠퇴가 그 주된 내용이다. 구석기 시대로 불리는 인류 역사의 기원부터 신석기 혁명을 거쳐 문자와 청동기를 바탕으로 하는 도시 문명의 발생에서 세계사의 놀라운 시작을 본다. 그 뒤를 철기 문명을 가진 동서양 고대 국가들이 잇는다. 서아시아에서 히타이트, 아시리아, 페니키아가 발달하고 유럽에서는 그리스의 폴리스가 성립되기 시작하며 중국은 주나라를 거쳐 춘추전국 시대로 나아간다. 서아시아를 통일한 아케메네스 페르시아 제국, 그리스를 통일하고 페르시아 정복 후 인도 유역까지 뻗어간 알렉산드로스 제국, 그들과 함께 서지중해로부터 세력을 키워나간 대제국 로마, 그 시기 중국에서는 진의 짧지만 강력한 통일 후 한나라가 세워지며 한은 한반도의 고조선을 멸망시켰다. 기원후에 접어들며 수놓아지는 사산 왕조 페르시아와 로마의 전성기와 쇠퇴, 그리고 후한을 지나 위진남북조 시대로 접어드는 중국, 그와 함께 한반도에서는 삼국 시대로의 발돋음을 준비한다.

1권은 구석기 시대부터 기원후 300년 정도까지의 세계사로, 앞으로 걸어갈 길이 상당히 멀다. 여타의 역사책처럼 서양사, 중국사 중심의 고대, 중세, 근대로 나누어 보는 시대사가 아닌, 시기를 나누고 각각의 폭마다 동서양사와 한국사를 함께 새겨 넣고자 노력한 첫 번째 화폭이다. 이러한 구성은 당연하면서도 그동안 간과되었던 소박한 생각이 출발점이었다. 21세기 대한민국에서 세계인들과 '지금'의 시대를 향유하고 있는 내가 '그때' 살았다면 어떤 사람들과 동시대를 누렸을까라는 호기심이 그 시작이었다. '현재' 우리가 살아가는 모습을 지리적 범위의 '세계'로 확장하고 그것을 '과거'라는 시간에 적용시킨 첫 열매다.

해 아래 어느 것도 새것이 없다는 고백이 옳을 수 있다. 이 말이 마음 깊숙이 와 닿는 것은 세계사에서 반복되는 장면을 발견할 때이다. 특히나 어처구니없는 오류를 다시 범하는 사람들의 모습을 볼 때면 더욱 그러하다. 그럼에도 우리들은 역사가 단순히 반복되는 것만이 아닌 그 속에서 조금씩 변화하고 발전하며 어제보다는 조금 더 나음을 향해 가고 있음을 생각한다. 인간의 삶에서 악함의 반복은 끊어내고 선함의 반복을 위해 변화하고자 하는 노력이 세계사를 배우고 알고 싶어 하는 우리들의 깊은 마음일 것이다.

『세계사툭』1권의 주인공들은 시간적으로 가장 먼 거리에 있기에 그들의 삶은 신비하게만 느껴지기 쉽다. 하지만 그 속에서도 지금의 우리와 같은 모습을 발견하고, 그것이 현재와 어떤 연결고리가 있는지를 찾으며 이야기를 시작해보자.

무적핑크(변지민)

> 작가의 말

무적핑크(변지민)

안녕하세요, 무적핑크입니다.

조선 시대를 다룬 『조선왕조실톡』에 이어 이번에는 세계를 무대로 한 『세계사톡』으로 여러분을 뵙게 되어 정말 기쁩니다.

〈조선왕조실톡〉 연재를 하며, 제가 태어나서 가장 처음 접한 역사 콘텐츠가 어떤 것이었는지 질문을 많이 받았습니다. 저는 초등학교에 입학하기 직전에야 한글을 깨쳤는데요. 그때 읽었던 것이 '세계 역사 학습만화'였습니다.

보통 1권 첫 장은 고대 문명으로 시작하죠? 일곱 살의 저는 이집트 문명에 완전히 푹 빠졌습니다. 제 낙서장은 상형문자와 피라미드, 그리고 미라 그림으로 가득 찼습니다. 세상에, 피라미드에 들어간 돌 하나하나는 소형차만큼이나 거대하다니! 죽은 왕의 시신에서 뇌와 심장, 간을 꺼내고는 탄산소다에 절여 마른 멸치처럼 만들어 버리다니! 너무나 낯설고 놀랍고, 어떤 풍습은 무섭기까지 했습니다. 그래서 〈신기한 TV 서프라이즈〉를 보듯 두근대며 책장을 넘겼던 기억이 생생합니다.

하지만 지난 4년간 〈조선왕조실톡〉을 연재하며 많은 것을 배웠습니다. 사람이 하는 모든 일은 설사 좀 이상해 보이더라도 그럴 만한 이유가 있다는 걸 알게 됐지요. 우리 조상님들은 설날에 사과와 배에 절을 했잖아요? 그건 과일을 신으로 섬겼기 때문이 아니라, 새해가 늘 풍요롭길 바라는 마음에서였지요. 마야인들은 머리를 옥수수 모양으로 만들고자 성형수술까지 했던 걸 아시나요? 왜 스파르타인들은 어린아이를 집에서 쫓아냈을까요? 대체 무슨 사연이 있어 그랬던 것일까요?

많은 친구들을 사귈수록 내 세계는 넓어집니다. 그래서 수많은 세계인들을 단톡방에 초대했습니다. 파라오, 카이사르, 진시황, 잔다르크, 나이팅게일… 그분들과 우리, 한바탕 수다를 떨어보도록 해요. 외국어요? 몰라도 됩니다. 서로 안부인사를 나누고, 싸우고, 웃다 보면 금방 친구가 될 수 있을 거예요. 『세계사톡』 1권으로 그 여정을 시작합니다. 함께해요!

feat. 무적민트, 무적그린, 무적퍼플, 무적블랙

차례

1부
문명이 열리다

2부
철기 문명의 바람

3부
혼돈 속에서 피어난 사상과 종교

세계사 속 그분들의 기나긴 이야기

궁금하지 않아?

우리가 사는

이 지구 어딘가에

머물렀을

그때

그 시절

그 사람들의

기~나긴 이야기.

『조선왕조실톡』에 이은
역사톡 블록버스터!

이제 세계인과 '톡'한다!

『세계사톡』출발합니다.

너의 조상은?

🙂 원시인   😄

📱 현대인   😊

I

호기심

태초에 인간이 있었다.
털 많고, 얼굴 작고,
호기심 많은 인간이.

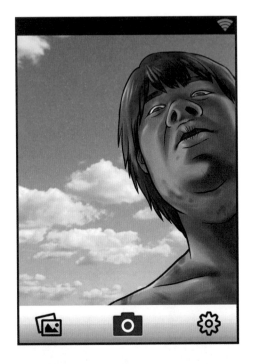

목적은 오로지 생존.

굶지 않으려면 부지런히 움직이고
도구 사용도 필수였는데.

진화

뭐든 처음은 서툴지만
자꾸 부딪히다 보면
그 쓸모를 아는 법ㅋ

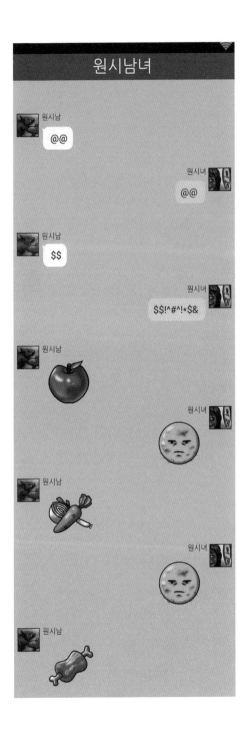

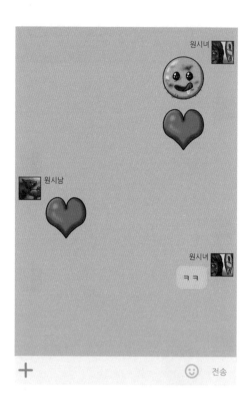

#오스트랄로피테쿠스할머니
#호모사피엔스사피엔스할아버지
#나의_조상님

그랬다고 합니다.

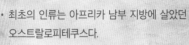

- 최초의 인류는 아프리카 남부 지방에 살았던 오스트랄로피테쿠스다.
- 약 4만 년 전에 출현한 호모 사피엔스사피엔스는 현생 인류의 직계 조상이다.

인류 출현 이후

기원전   기원후

~4만   3만   2만   1만   1만 년

문명이 열리다

인류 탄생 ≫ 기원전 1300 전후

~고대 문명 꿈틀방~

문명을 열었습니다.

 요

다들 자기소개좀Yo~

전 덕있는 사람 좋아하는 덕돌이~요~

 파라오

나는 태양신의 아들이니라

이집트왕으로 투잡뛰고 있도다

 함무라비

전 당한만큼 갚아주는 왕입니다ㅋㅋ

미노스

에게해 사는 미노스예요ㅎ 선진문명인들과 친해지고 싶어요ㅋ

○전송실패

ㅅㅂ 짱나네——

 함무라비

?????——?

 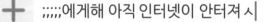 ;;;;;에게해 아직 인터넷이 안터져 ㅅ   전송

돌멩이로 먹고사는 사람들

구석기인	~#$!!!~@@	
신석기인	짓는다. 농사.	

I

우가우가

아주아주 오래전
석기 시대.

인간은 아직
문자를 쓸 줄 몰랐다.

구석기녀

$#)!$...)%+₩

하지만
도구를 쓸 만큼 똑똑했으니.

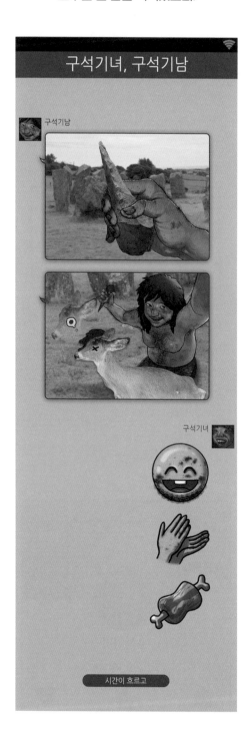

#뗀석기_사용 #불_사용

짓는다. 농사.

하지만
구석기인들의 삶은 녹록지 않았다.

언제나 먹을 것을
찾아다녀야 했던 것이다.

사냥하거나 열매 따거나
아무것도 없으면 쫄쫄 굶었다.

그러나 신석기 시대,
'혁명'이라 부를 만큼의
놀라운 변화가 일어나니.

Ⅲ

혁
to
the
명

농사를 짓게 된 신석기인들!

떠돌아다닐 필요가 없을 만큼
먹을 것이 넉넉해졌으니.

#농사_시작 #토기_사용

그랬다고 합니다.

- '석기 시대'는, 1865년 고고학자 C. J. 톰센이 구분한 것으로, 주로 석기가 사용된 시대를 말한다.
- 현존하는 최초의 석기는 케냐에서 출토된 것으로 약 330만 년 전 것이다.
- 신석기 혁명은 기원전 1만 년경부터 시작되었다.

인류 출현 ~ BC 4000년경

빗살무늬 토기 출처 : see below, CC BY SA 3.0, 위키백과 공용

기원전   기원후

5000   4000   3000   2000   1000   1년

기원전
1만 년경~

신석기 혁명:
인류, 본격적으로 땅과 함께 살다

기원전 1만 5000년에서 1만 년 사이 지구에 해빙기가 찾아들었다. 일명 신생대 제4기 홍적세말기 현상으로 기후가 따뜻해지면서 극지방의 빙하가 녹고 해수면이 높아져 때로는 대규모 홍수 사태를 유발할 정도로 물이 풍부해졌다. 이러한 기후 변화는 수렵과 채집, 사냥꾼으로 땅에 전적으로 의지하며 살아왔던 인류의 삶을, 필요에 따라 땅을 이용하는 경작자의 삶으로 변화시켰다.

이들 변화를 규정한 역사적 현상을 이른바 '농업혁명'이라고 한다. 최초의 농업은 채집을 담당하던 여성들이 씨앗에서 새싹이 돋아나는 것을 발견한 데서 비롯되었을 것이라고 추측한다. 1만 3000년 전 말레이 반도의 바나나 재배를 최초의 농업으로 간주해야 한다는 주장도 있지만, 대체적으로 농업은 기원전 7500년경 서남아시아 팔레스타인 지방에서 현재 밀, 보리의 선조 곡식들을 재배하면서 시작되었다고 본다. 이후 중국에서는 기장과 벼, 중앙아메리카에서는 옥수수, 아프리카의 사하라 남부와 초원 지대에서는 야생 식물 등 각 지역 특성에 맞는 작물이 경작되기 시작했다.

경작자가 된 인류에게는 작물 재배를 위해 사냥꾼의 도구보다 더 효율적인 것들이 필요했다. 이전에는 찍개나 주먹도끼같이 원 돌에서 깨어진 날카로운 부분을 이용하는 뗀석기를 사용했고 역사가들은 그 시기를 '구舊석기 시대'라 명명했다. 그러나 경작자는 뗀석기를 갈아서 정교하게 다듬은 간석기, 즉 화살촉, 돌 끌, 그물추, 갈돌, 갈판 등과 같은 도구를 사용해 농사짓기 시작함으로써 '신新석기 시대'라 부를 수 있는 장을 열었다. 이 시기 저장을 위해 발명된 토기는 흙으로 빚어 높은 온도에서 구워냈는데, 그 과정에서 날 음식을 익혀 먹을 수 있는 조리법까지 탄생시켰기에 식생활을 개선시켜 인구 증가에도 기여했다. 또한 양과 소, 염소, 돼지, 개 등을 가축으로 변화시킨 목축은 농사와 함께 식량의 안정적인 공급원이 되었다.

경작자는 농사와 목축을 위해 공동체씨족, 부족 단위로 이동 거리를 최대한 줄여 한곳에 머물러야 했다. 그래서 그들은 동굴을 버리고 물 가까운 평원에 움집을 짓고 정착생활을 시작했다. 이동생활을 했던 구석기인들은 많은 물건을 지닐 수 없었지만 경작자는 토기, 도구, 장신구 등 생활, 의식, 오락용 물건을 만들고 보관할 수 있었다. 또한 짐승 가죽이 아닌 천으로 옷감을 만들면서 의복생활에도 변화가 일어났는데 이 결과 의복이나 도구 등을 만드는 수공업자도 출현하기 시작했다.

농업혁명으로 생산력 향상에 관심을 가지게 되면서 곡물의 생장, 기술의 전파 등과 관련된 신화와 자연이나 사물을 경외하는 원시적 형태의 종교들이 발생했다. 신화 속에서 인류에게 농경 기술, 의술 등을 가르쳐준 영웅은 숭배의 대상이 되었는데 중국의 복희씨와 신농씨, 서양의 프로메테우스가 그 대표이다. 수메르의 사랑의 여신 이난나와 두무지의 애절한 사랑을 통해 곡물의 생장 주기를 표현한 신화도 비슷한 의미를 가진다. 서유럽의 거석 기념물도 부족 제례 장소로 의미가 있고 한국사에서의 애니미즘, 토테미즘, 샤머니즘 발생도 같은 맥락이다.

노벨 경제학상을 수상한 더글러스 노스1920~ 교수는 신석기 혁명을 산업 혁명에 버금가는 변화로 보았다. 신석기 혁명을 땅에 '종속'되었던 인류의 삶에서 땅을 '이용'하는 생산 경제로 변화시킨 세계사적 대사건으로 보았기 때문이다. 신석기 시대의 '경작'으로부터 파생된 생산성 향상, 목축, 노동 분업 등의 현상은 이후 문명이 발달할 수 있는 기초가 되었다. 또한 농업 생산성을 키우기 위해서는 정확한 일기 예보와 강물 범람에 따른 신속한 복구 작업이 필요했다. 이는 하늘의 뜻을 읽을 수 있는 유능한 제사장이나 제방과 수로를 만드는 치수治水 사업을 이끄는 강력한 지도자 출현의 배경이 된다. 세계사록

기원전
4000년경~

문명의 발생:
큰 강 유역 도시에서 문자를 쓰며
청동기를 남긴 사람들

문명과 문화에는 차이가 있다. 문화인 'culture' 는 '경작'을 뜻하는 라틴어 'cultúra'에서 유래되었는데 이는 신석기 시대 경작이 가져다 준 여유와 풍요가 문화를 탄생시켰다고 보기 때문이다. 문명인 'civilization'은 '도시'를 뜻하는 라틴어 'cívĭtas'에서 유래되었다. 이는 로마 제국 시대 인간의 거주지를 가리키는 용어로 사용되었다가, 도시를 지칭하는 것으로 굳어지면서 '문명화'는 '도시화'를 의미하게 되었다. 이를 통해 보듯 현대 인류학에서 문화는 인간 집단 구성원이 공유하는 생활방식과 사고방식의 총체이고, 문명은 일정한 수준에 이른 문화의 한 단계이다. 문화는 미개사회에서 고도산업사회까지 모든 인간 집단에 존재하지만 문명은 문화가 일정 수준 이상 발전한 곳에서만 나타난다.

세계사 최초의 문명은 메소포타미아의 티그리스강과 유프라테스강, 이집트의 나일강, 인도의 인더스강, 중국의 황허강 등 4대 강 유역의 충적평야에서 나타났다. 이들은 도시의 발달, 문자의 사용, 대규모 공공건물, 계급 사회에 기반을 둔 정치 조직 등의 공통점을 가지고 있다. 이들 사회에서는 관개농업 등 농업 기술 발달에 의해 생산력이 높아져 이전 시대에 비해 엄청난 잉여농산물이 나왔고 이것이 문명 발달의 기폭제로 작용했다. 즉 잉여생산물의 교환으로 상거래와 교역이 발달하면서 수공업, 상업 등 분업화가 촉진되었다. 사유재산이 확립되고 잉여생산물 분배 과정에서 부를 축적한 지배 계급이 출현하면서 계급 사회가 형성되었다. 이 시기 통치자는 물을 다스리고 하늘의 뜻을 헤아리는 제사장이었으며 사원은 통치체제의 중심이었다. 그곳의 거대한 건축물인 피라미드나 지구라트 등은 통치 권력의 상징이었다. 이 시기 정치를 '제정일치祭政一致' '신정정치神政政治'라고 부르는 이유이다.

문명의 중요한 특징인 청동기 사용은 초기에는 지배층의 사치품, 특히 무기나 제사용품에 국한되었다. 그러나 청동 제품은 기존의 석기에 비해 내구성이 강하고 정밀한 가공이 가능했기에 후기에는 일상생활에까지 보급되었다. 그리고 이는 단순히 생활도구의 생산에만 영향을 끼친 것이 아니라 사회 전반에 엄청난 변화를 가져왔다. 깨지지 않고 내열성 강한 청동 그릇은 요리 문화를 변화시켰고, 끝이 날카로운 쇠붙이 공구를 이용한 예술품이 만들어지면서 목공예도 비약적으로 발전했다. 석기 또한 이전에 비해 훨씬 정교하고 세밀하게 제작되었음은 물론이다.

청동은 구리와 주석을 적당한 비율로 합금해야 했는데, 흔한 구리 광산에 비해 질 좋은 주석 광산은 드물어서 장거리의 원료 운반을 위한 운송 수단이 필요했다. 이에 이집트에서는 기존의 노 젓는 배에 돛을 달아 풍력을 이용해 장거리를 항해할 수 있는 선박이 등장하기도 했다. 수메르 지역에서 가축의 힘을 이용하는 바퀴 달린 수레가 개발된 것도 이 시기이다. 이 당시 청동 제품을 만드는 대장장이는 구리를 제련할 때 섞는 비소에 중독되어 곱사등이가 되거나 손발에 장애를 입기 쉬웠다. 그 때문에 후에 이들의 노고를 기리고자 그리스에서는 불과 대장간의 신 헤파이스토스를 숭상하는 신화가 만들어지기도 했다. 그는 미의 여신 아프로디테의 남편이지만 다리에 장애를 가진 자로 그려진다.

청동기와 함께 문명의 대표적 요소는 문자의 사용이다. 문자는 물자가 풍부해지고 교역이 늘어나면서 불가피하게 발명되었기 때문에, 그 모양은 각 지역이

처한 환경을 반영한다. 메소포타미아에서 개발된 문자는 쐐기楔形설형문자라고 불린다. 처음에는 벼를 이삭 모양으로 황소를 머리 모양 등으로 표시했는데, 갈대로 점토판에 기록하다 보니 곡선을 표시하기 어려웠고, 그래서 차츰 곡선 사용이 줄어들면서 쐐기 모양이 되었다. 이집트에서 사용하는 상형象形문자는 주로 제사장들이 사용했는데, 사물을 표현하는 데 쐐기문자보다 구체적이었다. 이들 문명에서 최초의 문자는 세금, 임금, 물품 거래 내용 등을 기록하는 수단으로 쓰였지만 곧 다양한 목적으로 쓰이게 되었다. 문자들은 특히 정치 조직에 의해 후원 받은 학자서기들을 통해 보통 사원이나 궁궐에서 교육되고 전래되었다. 이들이 종교 전통을 기록한 것은 후일 경전이 되었고, 신화를 기록한 것은 문학, 역사가 되었으며 사회 관습을 정리한 것은 법전이 되었다.

농업 외적 측면에서 보면 충적평야 지대는 천연자원이 부족한 곳이기 때문에 도시에서 생산된 여러 수공업 제품들은 다른 지역의 원료들과 교환이 필요했다. 이로 인해 지중해 동부에서 인더스강 유역, 중국에 이르는 지역에 교역 중심지가 발달했는데, 이에 도시들은 자신들 주변 지역의 범위를 뛰어넘는 영향력을 행사했으며 이것이 훗날 여러 식민 도시의 건설 배경이기도 하다. 물론 이 시기 모든 지역에 도시가 생긴 것은 아니었다. 아프리카, 유럽, 오세아니아, 아시아 대부분 지역에는 아직 도시가 없었고, 아메리카 최초의 문명은 기원전 1500년경 이후에야 나타났다. 그렇기에 문명은 아직은 세계 지도 위의 점들과 같았으나, 이들이 남긴 도시와 문자, 생산 기술, 정치체제 등의 유산들은 주변 지역으로 전파되면서 급속한 발전을 이루게 된다. 세계사록

찬양하라, 갓수메르

 수메르인   일등문명인ㅋ

I

별에서 온 그대

인류 최초의 문명을 세운 수메르인.
기원전 4000년 전에 나타났다.

그때 아직 인류가
신석기를 쓰던 즈음.

신상. 돌도끼.
#깔롱짐

원시인 사는 게
다 거기서 거기일 것 같지만

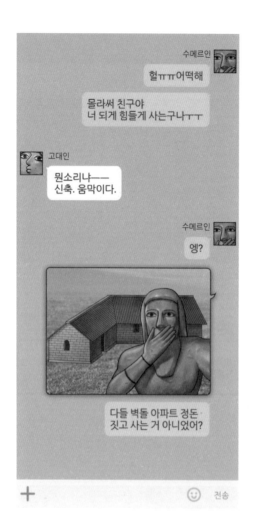

지금을 즐겨라

남들 움막 짓고 살 때
발달한 도시 문명을 이룩한 수메르인.

외계인 아니냐고
의심받을 만큼 뛰어났다.

댓글 · 463,205개

go大인
야 —— 이 XXX!!! 허언증이면 병원을 가라!

z지구샤릉훼z
지가 도민준이야 뭐야ㅋ 니네별로 돌아가셈ㅋ

유프라테스와 티그리스.
두 줄기 강을 낀
기름진 땅 덕분에 풍요로웠는데.

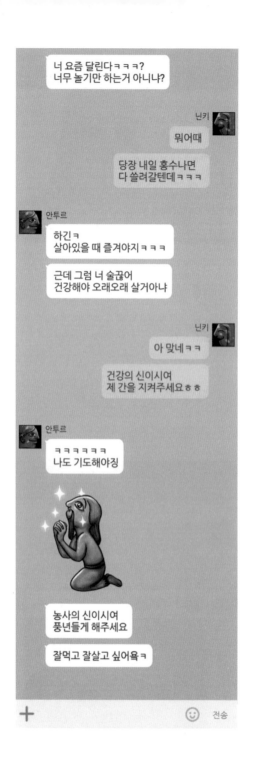

Ⅲ 최고의 발명품

죽은 후보다는
살아 있는 지금을 소중히 여긴
수메르인들!

삶을 더 풍요롭게 하려고
수많은 발명을 해냈다.

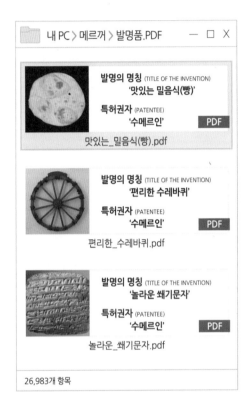

내 PC > 메르꺼 > 발명품.PDF — □ X

발명의 명칭 (TITLE OF THE INVENTION)
'맛있는 밀음식(빵)'
특허권자 (PATENTEE)
'수메르인' PDF
맛있는_밀음식(빵).pdf

발명의 명칭 (TITLE OF THE INVENTION)
'편리한 수레바퀴'
특허권자 (PATENTEE)
'수메르인' PDF
편리한_수레바퀴.pdf

발명의 명칭 (TITLE OF THE INVENTION)
'놀라운 쐐기문자'
특허권자 (PATENTEE)
'수메르인' PDF
놀라운_쐐기문자.pdf

26,983개 항목

하지만 최고의 발명품은
뭐니 뭐니 해도 바로 이것!

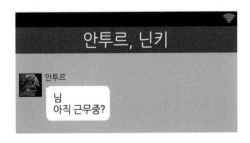

안투르, 닌키

안투르
님
아직 근무중?

쪼오옥

＋　　　　　　　　　　　☺ 전송

'수메르인들, 맥주 만들다.'
'인류, 치맥을 갖게 되다.'

닌키 @ninkiki

사는게 뭐라고 맥주가 좋다고
#인생의_기쁨 #빨대로_쪼오옥
닌카시 여신이여 감사합니다

♥ 46,204명이 좋아합니다

#갓메르인 #찬양

그랬다고 합니다.

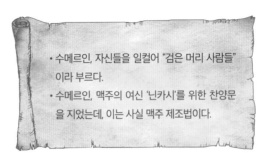

- 수메르인, 자신들을 일컬어 "검은 머리 사람들" 이라 부르다.
- 수메르인, 맥주의 여신 '닌카시'를 위한 찬양문을 지었는데, 이는 사실 맥주 제조법이다.

BC 4000년~BC 3500년경 수메르

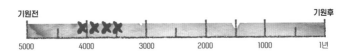

기원전   기원후

5000   4000   3000   2000   1000   1년

기원전
4000년경
~기원전
1500년경

메소포타미아 문명:
두 강 사이에서 탄생한 문명의 보고

메소포타미아는 고대 그리스어에서 '중간'을 의미하는 메소스μέσος, '강' 또는 '하천'을 뜻하는 포타모스ποταμός로부터 그 용어가 유래되었다. 아라비아 반도의 페르시아만으로 흐르는 두 강 티그리스와 유프라테스가 주는 비옥함으로 인류 최고最古 문명의 발상지가 된 이 지역에는 현재 터키, 이란, 이라크, 시리아, 레바논, 요르단, 이스라엘, 사우디아라비아 등의 나라가 속해 있다.

19세기 프랑스에 의해 발굴되면서 세상에 모습을 드러낸 메소포타미아 문명은 기원전 4000년경 그 하부 지역인 현재 이라크에 건설된 수메르 문명에서 시작된다. 수메르를 건설한 민족의 유래는 밝혀지지 않았으나 기원전 3000년 경 그들은 이미 우르, 우룩, 니푸르, 키쉬 등 12개의 도시국가를 이루면서 메소포타미아 문명의 기초를 쌓았다. 그들은 최대 인구 3만 명을 수용할 수 있었던 도시에 성벽을 쌓고 말린 벽돌로 건물을 지을 만큼 발달한 도시 문명을 향유했다. 일상 언어는 수메르어를 사용했으며 쐐기문자로 기록했다. 염장이나 발효술로 잉여농산물의 저장에 성공하고 인공적인 관개시설과 배수로, 수레바퀴를 만들었다. 주변 지역은 이들을 선진국으로 여겨 교역을 꾀했고 이에 따라 상공업 역시 발달하면서 인더스 문명권과의 교역도 활발해졌다.

그들은 흑요석을 비롯한 보리나 과일, 채소, 기름, 직물 같은 소모품들을 인더스에 수출했고 홍옥수 구슬, 토기 인장, 뼈로 된 상감, 주사위, 조상彫像 등 원자재와 광석, 목재, 보석류들을 수입했다. 최대 36톤의 선적 능력을 가진 배를 건조할 수 있던 수메르의 조선 기술은 두 문명권을 수메르의 우르항에서 호르무즈 해협, 이란 해안을 거쳐 인더스까지의 해로를 통해 연결했다.

수메르의 도시국가들에는 한복판에 수직으로 우뚝 솟은 지구라트들이 세워졌는데 이는 진흙 벽돌을 거의 수직이 되게 계단식으로 쌓아 건설하는 것이 일반적이었다. 수메르인은 땅과 하늘을 연결하는 산을 상징하는 그곳에서 농사의 풍요를 위해 하늘에 제사를 지내고 때로는 왕과 여자 제사장이 성스러운 결혼의식을 올리기도 했다. 이후 지구라트는 각 도시에 국가체제가 갖춰지면서 대외적으로 국가를 상징했다.

기원전 2400년경부터 수메르는 유목을 주업으로 해왔던 아카드의 지배를 받았는데, 이라크 북쪽 지역에 정착한 그들에 의해 메소포타미아의 주류인 셈족 문명이 시작된다. 아카드 왕국을 건설한 자는 사르곤 1세로, 그는 메소포타미아 전역을 통일하고 시리아와 소아시아 지역까지 세력을 넓히면서 수메르 문명을 흡수, 보급하여 셈족의 이상적 통치자로 이름을 남겼다. 이때부터 메소포타미아의 주요 언어는 수메르어에서 아카드어바빌로니아어와 아시리아어도 그 변종로 바뀌게 된다. 그 후 아카드를 정복한 구티족의 지배를 거쳐 기원전 2100년에서 기원전 2000년 사이에 잠시 회복된 수메르는 우르 제3왕조 때 전성기를 이루기도 했다. 창시자인 우르남무 시기 인류 최초의 법전이 만들어졌는데기원전 2050경, 우르남무 법전은 함무라비 법전보다 약 300년 정도 빨리 만들어진 것으로 이후 법전들에 영향을 주었다. 우르 제3왕조는 셈족 계열인 아무르 족속에게 멸망기원전 1970경하고, 아무르 족속의 한 도시국가인 바빌론이 메소포타미아 전역을 평정한 이후 수메르는 종족으로서는 역사 속에서 그 존재가 사라졌다. 그럼에도 각 도시에 문명의 바람을 전했던 수메르의 색채는 메소포타미아 문명 속으로 계속 이어졌다.

아무르족에 의해 세워진 바빌론은 제1왕조 제6대 왕인 함무라비 대에 메소포

[속보] 함무라비왕, 새 법전 발표

뺨을 맞았나? 가해자 뺨을 때려라.
팔이 부러졌나? 가해자 팔을 부러뜨려라!
이 함무라비가 허락하노라!

타미아 일대의 나라들을 정복하여 제국으로 발전했다. 이로 인해 바빌론을 중심도시로 한 셈족의 바빌로니아 문명 세계가 성립되었고 메소포타미아 문명의 절정기를 이루었다. 함무라비 대왕은 세계사에서 매우 중요한 업적을 남긴 왕으로 기원전 1750년경 마르두크 신전에서 282개 조에 달하는 성문 법전을 반포, 높이 2미터 40센티미터에 달하는 대형 비석에 새겼다. 일명 함무라비 법전으로 불리는 이 성문법이 제정되면서 개인 간, 집단 간의 모든 분쟁은 관습이 아닌 법조문에 근거해서 처리하게 되었는데, 이후 함무라비 법전은 "눈에는 눈, 이에는 이"로 표현되는 보복주의의 대표로 자리매김하게 된다. 또한 이 시기 천체관측으로 연, 월, 일, 시, 분, 초 등 시간단위들이 창안되어 12진법과 60진법에 따라 달력·도량형을 통일해 사용했다. 그러나 이렇게 강성했던 바빌로니아 제국 또한 개창자 사망 이후 쇠퇴했고, 이후 메소포타미아 문명은 히타이트 이래 철기 문명으로 무장한 국가들 속으로 사라진다.

메소포타미아 문명은 두 강을 낀 비옥한 평야에서 발달된 농업과 상공업을 통한 도시 문명을 발전시켰다. 그러나 이는 유럽과 아시아를 연결하는 개방적 지형을 배경으로 다양한 민족의 흥망성쇠를 통해 형성되었기 때문에, 당시 작품인 『길가메시 서사시』에서와 같이 죽음에 대해 비관적으로 바라보며 현세를 즐기라는 메시지를 남기고, 아라비아 반도로 고대 지중해 연안으로 그리고 페르시아이란의 역사 속으로 녹아들어갔다. 세계사록

이집트인이라서 햄볶아요

투트모세	풍요로워	
파라오	껄껄	

Ⅰ

나일강의 선물

ㅎㅇ
난 고대 이집트인
투트모세!

직업은 농부야.
이래 봬도 강변에 살아ㅎ

크~ 나일강 뷰 좋고요~

♥ 4000명 이상이 좋아하집트!

그러나 일 년에 한 번,
강은 사나운 얼굴을 보여주었는데.

아메나텝
ㄴㄴ
시간 흐르면 물 다 빠져욤

계산해보니까 얼추 담달쯤ㅇㅇ?

투트모세
헐다행

아근데 물빠져도
농사 못짓지 않을까ㅠㅠ?
이거봐

밭에 이런 쓰레기 엄청 쌓였어;;;
강물 따라서 더 흘러들어올텐데

아메나텝
ㅋㅋㅋㅋㅋ좋네
그게 다 훌륭한 거름이죠

너 내년농사 대풍년각
이거레알 반박불가

투트모세
헐
맞네헐

게이득ㅋㅋㅋㅋㅋㅋㅋㅋ

전송

#나일강 #풍요로워 #신의선물

II

태양신의 아들

나 자랑할 거
또 있다?

사람들 신께 기도하잖아.

#시험_잘보게_해주세요
#로또되게_해주세요

근데 이집트에선 그냥
문자하면 된다는 거ㅋㅋㅋ

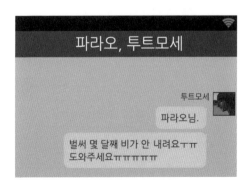

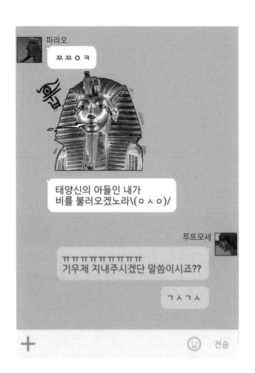

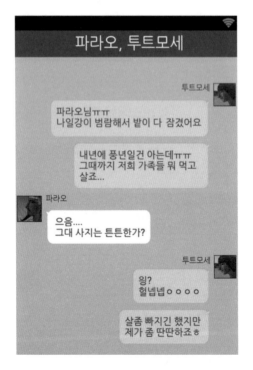

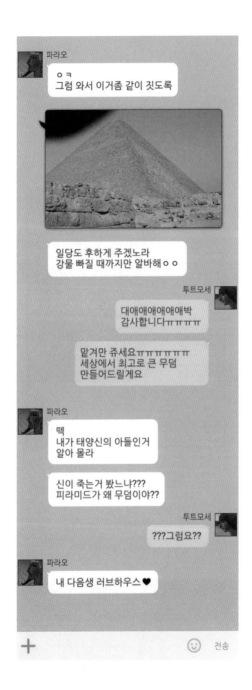

파라오
ㅇㅋ
그럼 와서 이거좀 같이 짓도록

일당도 후하게 주겠노라
강물 빠질 때까지만 알바해ㅇㅇ

투트모세
대애애애애애애박
감사합니다ㅠㅠㅠㅠ

맡겨만 쥬세요ㅠㅠㅠㅠㅠ
세상에서 최고로 큰 무덤
만들어드릴게요

파라오
떽
내가 태양신의 아들인거
알아 몰라

신이 죽는거 봤느냐???
피라미드가 왜 무덤이야??

투트모세
???그럼요??

파라오
내 다음생 러브하우스 ♥

✙   ☺ 전송

#때로는 #위대한신
#때로는 #따뜻한 #정치가

하~~~
진짜 평화롭다ㅋㅋㅋ

근데 있잖아.
잘 먹고 잘 살아서 좋긴 한데.

뭘까?
이 허무한 마음은…ㅠㅠ?

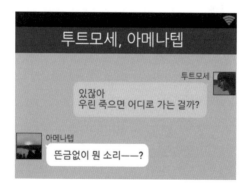

투트모세
아니 그냥 배부르고 행복해서ㅋ

흠 하지만 죽으면 모든게 끝이겠지...ㅠㅠ

아메나텝
흐음 글쎄;;
내생각은 좀 다름ㅇㅇ

봐봐 파라오님도
피라미드 지으시라잖아.
죽은 뒤에 사시려고.

그건 저세상이 있다는 거 아냐?

투트모세
올 그러네;;??

근데 죽으면 우리 몸은 썩잖아.
그럼 저세상 가서 어케 밥 먹고 돌아다녀??

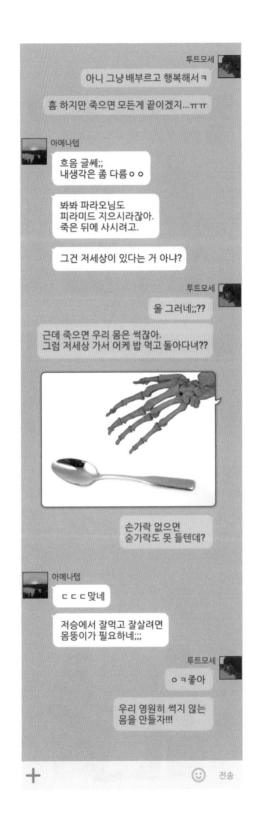

손가락 없으면
숟가락도 못 들텐데?

아메나텝
ㄷㄷㄷ맞네

저승에서 잘먹고 잘살려면
몸뚱이가 필요하네;;;

투트모세
ㅇㅋ좋아

우리 영원히 썩지 않는
몸을 만들자!!!

＋ 　　　　　　　😊 전송

60년 뒤

백성 투트모세 @BaekSeong1

하늘나라에서 만나용ㅋㅋㅋ쀼ㅇ
#극극건성 #피부땡겨 #수분크림좀_넣어줘요

♥ 4000명 이상이 좋아하집트!

이집트인들,
사후세계를 믿다.

스스로 미라가 되어
영원한 삶을 꿈꾸다.

그랬다고 합니다.   끝.

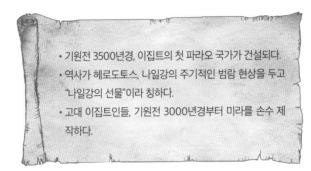

- 기원전 3500년경, 이집트의 첫 파라오 국가가 건설되다.
- 역사가 헤로도토스, 나일강의 주기적인 범람 현상을 두고 "나일강의 선물"이라 칭하다.
- 고대 이집트인들, 기원전 3000년경부터 미라를 손수 제작하다.

BC 3500년경 고대 이집트

기원전
5000 4000 3000 2000 1000 1년
기원후

이집트 문명:
나일강이 선물한 아프리카의 풍요

기원전
3500년경
~기원전
700년경

1798년 나폴레옹의 이집트 원정은 나일 삼각주 로제타의 현무암 석비 발견으로 역사에 큰 자취를 남겼다. 1822년, 프랑스의 샹폴리옹1790~1832에 의해 완전히 해독된 일명 로제타 석비에는 동일한 내용이 세 개의 상이한 언어고대 이집트의 전형적인 상형문자인 히에로글리프, 이집트의 민중문자인 데모틱 문자, 히에로글리프를 번역한 그리스 문자로 기록되어 있는데, 프톨레마이오스 5세기원전 210~기원전 181의 업적을 전국 신전에 세운다는 '멤피스 법령기원전 196'이 담겨 있다. 로제타 석비의 발견과 해독을 계기로 알려진 이집트 고대 문명은 당시 고대 그리스 로마 문명밖에 모르던 유럽 사람들에게 로마보다 수천 년이나 앞선 문명이 존재했다는 충격적인 사실을 알림으로써 엄청난 감동과 흥분을 가져다주었다.

세계사 속에 등장한 배경이 이러했기에, 이집트는 아프리카 다른 지역과의 관계보다 유럽 문화의 발생 또는 서아시아와 관련하여 이해되었다. 이집트는 북아프리카의 지중해 연안에 위치해 있고 나일강 덕분에 다른 아프리카 지역과는 구별되는 풍요로움을 누렸다. 또한 이집트의 미라를 생물학적으로 분석해보면 아프리카, 지중해 지역, 소아시아 계통의 사람들이 섞여 있다. 그래서 이집트 문명이 온전히 아프리카의 흑인 문명이라고 이야기하기 어렵다고 한다. 그러나 이집트의 역사 속에도 흑인이 들어와 교류하며 섞였고, 말기 왕조 때에는 누비아현재의 수단의 쿠시 왕국 가문에서 파라오를 계승한 흑인 왕조제25왕조가 등장하기도 했다. 그런 사실들을 볼 때, 이집트 문명은 아프리카 역사의 일부분으로서도 의미가 크다.

이집트 문명은 동으로는 홍해, 서로는 리비아 사막, 남으로는 누비아 사막, 북으로는 지중해로 둘러싸인 폐쇄적 지형의 특성상 이민족의 침략이 적었다. 그래서 기원전 3000년경 상上이집트의 나르메르가 하下이집트를 정복한 이래 무려 2000여 년 동안, 이집트는 고왕국, 중왕국, 신왕국으로 이어지는 단일 왕조를 이루었다. 이집트인들은 이런 이집트의 지리적 고립성과 안정성 덕분에 일찍부터 삶이生과 내생에 대한 낙관주의를 가졌다. 통치자인 파라오는 태양신의 아들로 여겨졌는데 그의 말은 곧 법이어서 따로 법률이 존재할 필요가 없었고 이들의 권위는 사후까지도 이어졌다. 사후 세계에 대한 관심에서 만들어진 대표적인 유산이 '미라'이다. 내세에 들어가기 위해 죽은 자의 시신이 보존되어야 한다는 생각에서 만들어진 미라의 이름은 아랍어 '무미야'에서 나왔다. 이는 천연 아스팔트인 '역청'을 뜻하는데 아랍인들이 미라에 달라붙어 있는 검은 것을 역청으로 오해해서 나온 용어라고 한다. 이집트 하면 떠오르는 랜드마크이자 사후 세계를 모방해서 만든 것으로 추측되는 '피라미드', 일종의 저승 세계 안내서인 '사자死者의 서書' 또한 내세에 대한 관심에서 나온 유산들이다.

미라를 만들다 보니 의학이 발달한 것은 당연하고, 농사를 짓기 위해 필수적이었던 나일강의 범람 시기 예측을 위해 천문학과 태양력, 계산을 위한 십진법 또한 발달했다. 나일강 범람 후 농토 측량에 필요한 측량술과 기하학, 이 모든 것을 기록한 상형문자, 종이paper의 어원이 된 파피루스papyrus 등 이집트인은 문명사에 많은 업적을 남겼다.

피라미드의 시대라 불리는 고왕국 시대의 대표적 유적인 기자 네크로폴리스, 중왕국 시대를 대표하는 '가장 완벽한 신전'인 카르나크 대신전, 아스완 댐 건설로 수몰 위기에 있었지만 유네스코 등의 지원을 받아, 원래 위치보다 65미터 높은 현재 위치로 이전하면서 더욱 유명해진 신왕국 시대의 아부심벨 등과 같은 이집트의 유적들은, 민족의 잦은 교체로 흔적만 남은 메소포타미아 문명과 비교하면 그 역사적 장면들을 잘 보존하고 있다. 그러나 전쟁 기술의 발달이 이집트의 폐쇄적 자연 지형을 넘을 수 있게 되면서 아시리아, 아케메네스 페르시아와 같은 서아시아 통일 제국들은 이집트를 침략한다. 이후 마케도니아의 알렉산드로스 대왕은 이집트를 정복하고 알렉산드리아를 건설, 그리스 혈통의 프톨레마이오스 왕조를 등장시켰으며 이 왕조는 로제타 석비를 남기게 된다. 世界史錄

talk 4

우리집에 왜 왔니

아리아인 같이좀 살자ㅡㅡ

드라비다인 ㅠㅠ

자취방

기원전 3000년경, 인도.

인더스강과 갠지스강을 끼고
화려한 도시들이 생겼다.

나는, 차가운 도시사람 드라비다인.

인더스타그램

드라비다인 @B_dain ⦿ 인더스 강에서

98명이 좋아합니다.

석양이 진다...
#리버뷰 #인더스강 #아름다워

 앗수르카
와 리버뷰보소ㄷㄷ 전세 10억은 할 듯

 니나르
나도 돈벌어서 모헨조다로에서 살고싶다ㅜㅜ

내가 부럽다고?
글쎄…

내이투판

오늘의 썰   썰목록   그림과 썰   (글쓰기)

오늘의 썰 > 카테고리 > **우정/일상**

 드라비다인 (베스트 썰) 모바일 작성

[고민] 친구가 제 자취방에 넘모 자주 와요

최근에 독립해서 자취방 예쁘게 꾸며놓고
살고 있었는데요..
처음엔 집들이 겸 친구한테 놀러오라고
했는데..
그 이후로 친구가 너무 제집 드나들듯이
하는 거예요ㅠ..

욕조도 있고, 비데도 있고, 먹을 것도
많다고 자꾸 오게 된대요..
근데 저도 사생활이 있잖아요ㅜㅜ

이거... 정상 아니죠??ㅠ

 집없이개고생
와 글쓴이 집 좋네 난 0.5평 고시원 사는데ㅠ

 유목민7년차
헐 나도 이런 친구 있었으면..

하아…
다들 집 얘기뿐이고…

이 자식은 또 시작이네…

Ⅱ

아리아인

웬수같은 친구놈———

아리아인

야 나 지금 니네집ㅋㅋ

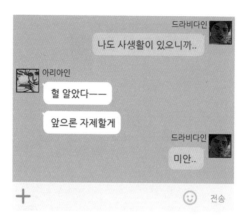

휴우…
이제 좀 두 발 뻗고 자겠네!

아리아인

내가 언제ㅋㅋ 자제를 한다고 했지~

친구사이에 너무한다~

비번 뭔데?

드라비다인

ㅜㅜ

아리아인

ㅋㅋ 말하기 싫어?

억지로 열어줘?

드라비다인

헐

아리아인

3

2

1

드라비다인

25001500...

아리아인

ㅇㅋ 그래야지~ 우리 베프잖아~

앞으로도 자아알 부탁해~~?

\+ 😊 전송

이거 협박이지? ㅠㅠㅠㅠㅠㅠㅠㅠ

그랬다고 합니다.

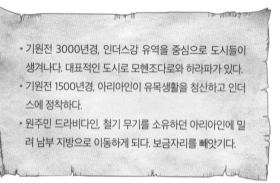

- 기원전 3000년경, 인더스강 유역을 중심으로 도시들이 생겨나다. 대표적인 도시로 모헨조다로와 하라파가 있다.
- 기원전 1500년경, 아리아인이 유목생활을 청산하고 인더 스에 정착하다.
- 원주민 드라비다인, 철기 무기를 소유하던 아리아인에 밀 려 남부 지방으로 이동하게 되다. 보금자리를 빼앗기다.

BC 1500년경 고대 인도

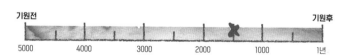

기원전 | 기원후
5000 | 4000 | 3000 | 2000 | 1000 | 1년

인더스 문명:
하라파와 모헨조다로,
그리고 로탈이 말하다

기원전
3000년경
~기원전
1500년경

1921년 인더스강 상류 파키스탄의 하라파 마을에서, 그 다음 해에는 하류 모헨조다로에서 놀라운 발굴이 이루어졌다. 이집트나 메소포타미아 문명의 발굴이 19세기부터 이루어졌던 것에 비하면 뒤늦은 관심이었지만, 발굴 결과 유적지들을 중심으로 기원전 3000년경 청동기를 사용한 고도의 도시 문명이 존재했음이 드러났다. 그리고 이는 인더스강을 중심으로 존재했다는 의미에서 인더스 문명이라고 불리게 되었다.

두 도시는 공통적으로 서쪽 구릉의 공공건물이 있던 성채와 동쪽의 그보다 낮고 넓은 시민 거주지로 구성되어 있다. 성채 부분에는 대大목욕탕과 곡물창고, 광장 등의 공공건물과 후대에 증축된 탑이 있고, 시가지에는 도로와 주택, 상점과 식당이 배열되어 있는 상점가와 직물, 금속 등을 생산하는 공장지대, 노예나 도제 등이 거주했을 일종의 노동자 아파트가 있었다.

인더스 문명을 건설한 사람들은 놀랍게도 가정용 식수와 공업용수를 제공하고 처리하는 상하수도 시설을 완벽하게 구비했다. 종교적 이유로 건설된 대목욕탕이나 벽돌 위에 나무판을 얹은 인류 최초의 좌변기, 골목을 따라 벽돌로 쌓아 만든 하수도, 그리고 역청으로 방수 처리한 파이프로 물을 끌어 쓴 우물 등을 통해 이들이 세계에서 가장 오래되고 정교한 배수로와 하수구 시설을 가졌던 것을 알 수 있다. 또한 메소포타미아의 말린 벽돌과 달리 구운 벽돌로 올린 건물 위에 통풍이 잘되도록 여러 층의 통나무로 지은 곡물창고, 소, 악어 등이 새겨진 동석제 인장과 인더스 문자 외에 테라코타의 조상彫像, 장식용 옥, 둥그런 항아리, 굽 높은 잔 등은 그들의 문명 수준이 상당히 높았음을 보여준다.

이후 다른 도시 유적들이 많이 발굴됨으로써 인더스 문명은 그 범위가 상당히 확대되었다. 이란의 동쪽 국경에서부터 구자라트 반도까지, 인더스강의 라호르와 아프가니스탄의 옥서스강까지 상당히 광범위한 지역에 걸쳐 모습을 드러낸 유적은 인더스 문명이 500여 개의 작은 도시와 취락이 건설되어 발전했던 것을 보여준다. 그 중 로탈은 기원전 2100년에서 기원전 1900년경의 도시 유적이다. 특히 이곳에는 모헨조다로의 대 목욕탕과 유사한 건축 기법으로 만들어진 세계 최초의 항구시설 유적이 발굴되어 당시 인더스 문명에서 원거리 교역이 이루어지고 있었음이 알려졌다. 인더스 문명에는 구리와 납, 은 등의 광석 교역을 위한 체계적이고 넓은 범위의 교역망이 존재했으며 특히 수메르와의 교역이 활발했다.

인더스 문명은 이처럼 넓은 지역에 걸쳐 통일적인 문화적 특성을 가지고 있고, 특히 계획적인 도시 거주 형태를 보았을 때 문명을 이끌었던 강한 중앙 정부가 있었을 것으로 추정된다. 하지만 지금까지 지배층의 권력이나 통치를 보여주는 유물이나 궁전이 발굴되지 않았고, 문자로 기록된 민족 이름이나 심지어 개인 이름조차 발굴되지 않았다. 다만 드라비다족으로 추측하기만 할 뿐이다. 따라서 왕이나 제사장, 귀족, 군대 등 통치 성격과 민족 등에 대해 유적지들이 스스로를 말할 때까지 기다려야 할 듯하다. 이들 문명의 몰락 이유도 아직까지는 정확하게 알 수 없는데 다만 기원전 1500년경 인더스강의 범람과 아리아인의 침입으로 멸망했을 것으로 추측한다. 이후 인도 북부에서는 철기 기술, 카스트제도 등을 특징으로 하는 새로운 문명이 발전했고 이들 농경 사회는 동쪽의 비옥한 갠지스강까지 퍼져나가게 된다. 세계사록

덕심으로 사는 세상

	요	아들 미안;
	순	덕심충만

하나요

자취방

하~
우리 백성들,
정치에 정말 관심 없다.

시사뉴스 자체를 안 보는구만?

고대 중국
'요 임금'

75

Y 최근 인기뉴스 순위 5

1 [유머] 냥줍한 썰이오… **(45)**
집 앞에 매일 보는 고양이에게 추루룰 주니
저를 간택하더군요ㅋㅋ 혹시 그린라이트…

2 [유머] 빵 터지는 아재개그 **(4)**
주의!! 읽다가 배꼽 빠질 수도 있음~! 저는
절대로 책임없습니다~~^^!! 꽉 잡고 읽…

3 [요리] 황하 최고맛집추천 **(17)**
같은 동네분들^^ 날씨가 넘넘 좋네요~!!ㅋ
요런날에 어울리는 맛집 한곳 추천할게요!!

4 [멍냥] 찰떡같은 멍뭉짤들 **(28)**
울 집 멍멍이 산책할 때 모습^^ 넘 귀엽죠?
생후 2주때 모습이네요ㅎㅎ 꼬물입니다^^

5 [생활] 3평 자취움막리모… **(7)**
3평 자취움막 리모델링 어렵지 않습니다.
자취생의 필수품 익해와 가구를 구입해…

응? 한심하다구?
무슨 말씀!

난 너어어어무 좋은데~~ㅋㅋㅋㅋㅋ

둘이요

YO

임금

백성들이 정치에
관심이 없다는데 뭐가 좋냐구?

야~ 이게 다 살기 좋아서 그런 거야~
얼마나 편하면 뉴스를 안 보겠니?

ㅋㅋㅋㅋㅋㅋㅋㅋㅋㅋㅋㅋ
백성을 잘 먹고 잘 자게 하는 게
바로 나, 임금의 일!

좋아 좋아~

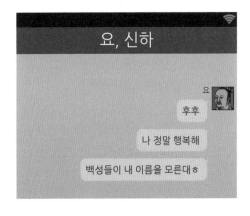

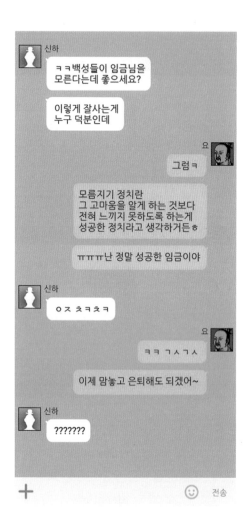

덕심

그래.
내 평생을 바쳐서
태평성대를 이루었다.

이제는 젊은이들에게
미래를 맡길 차례!

 임금_요 @king_yo 📍내 마음에서

❤ 253,125명이 좋아합니다.

내 후계자를 뽑노라. 남녀노소 지원바람~
#쇼미덕마니 #후계자 #드루와드루와

착한 애들 많이 왔나~?

⋯⋯응?

 장소위
에이 임금님ㅋㅋㅋㅋㅋㅋ

 걸희
내숭이셔~~~

 태소방
@왕유 야 너 도덕시험 100점이잖아 도전?

 왕유
@태소방 야 순진하긴~~ 임금님이
이미지때매 쏘하시는 거야~~ 당연히
자식한테 왕위 물려주시겠지~~~ㅋㅋㅋㅋ

 태소방
@왕유 허류ㅠㅠㅠㅠㅠㅠ??
하긴...재벌도 자기 애한테 기업 물려주려고
그 쏘를 하는데 세상에 나라를 남한테 줄
바보가 어딨어....

왕유
@태소방 ㅇㅇ그런 정직한 사람은
전설속에나 있을 듯~

?

ㅋㅋㅋㅋㅋㅋㅋㅋㅋㅋㅋㅋㅋㅋ
ㅋㅋㅋㅋㅋㅋㅋㅋㅋㅋㅋㅋㅋㅋㅋㅋ

어휴, 다들 속고만 살았나!

1000뉴스

[속보] 쇼미덕마니 파이널 우승자 "순"

현명한 "순"씨, 다음 임금으로 결정…
"주상전하와 생판 남"

댓글(1,990개) | 인기순 | 최신순

장소위
허어어어어어어어어어어얼ㄹㄹ

걸희
허어어어어어어어어얼 진심이셨어

태소방
와 임금님 레전드로 인정합니다

왕유
킹 YO 리스펙ㅜㅜㅜㅜㅜㅜㅜㅜㅜ

그랬다고 합니다.

- 요 임금, 늙은 농부가 "내가 열심히 일하고 배불리 먹는데, 임금이 무슨 소용이냐"는 <격양가>를 부르는 것을 보다. 크게 기뻐하다.
- 요 임금, 자신의 아들에게 왕위를 세습하지 않고, 덕이 많은 순에게 선양하다.
- 잘 먹고 잘 사는 태평성세의 국가를 뜻하는 말로, 요순시대라 부르다. #동양판_유토피아 - 사마천 『사기』에 언급되어 있으나, 직접적인 유물이나 유적이 없는 옛날 이야기로 역사보다는 전설에 가깝다.
- 요순, 세종대왕 및 성군들의 롤모델이었다.

고대 중국(전설에 가까움)

기원전
2000년경
~기원전
1100년경

황허 문명:
전설에서 역사로

문명이 꽃을 피운 곳은 대부분 거대한 강 유역이지만 중국에서 가장 긴 강은 황허강이 아닌 장강이다. 그럼에도 중국 문명이 황허강 유역에서 시작된 이유는 지형 때문이다. 황허 중하류 유역에는 상류에서 실려 온 막대한 황토 침전물이 쌓인 편평한 구릉이 이어져 있어 농사짓기 쉬웠다. 반면 장강의 지류인 양쯔강은 사천 분지의 고지대를 지나 산이 많은 협곡을 끼고 흐른다. 경작지가 부족한 데다 이곳을 개간해 농사를 지으려면 발달된 농업 기술이 필요했을 것이고 따라서 문명 발생이 쉽지 않았던 것이다.

이처럼 문명 발생에 필수적 배경인 황허의 치수와 관련해 건설되었다고 전해지는 전설 속 왕조가 하夏나라이다. 하나라 건국 이전 시대는 삼황오제 시대라고 불린다. 물고기 잡는 법을 가르쳐준 복희씨, 농사법을 알려준 신농씨, 인간을 창조한 여신 여와씨 등 삼황의 존재와 오제의 선양禪讓을 통해 불의 사용, 수렵과 농경의 시작, 국가 형성과 제위 양위 방식을 알 수 있다. 전설 속 시대임에도 그 속에는 역사적 표상 즉, 신석기에서 청동기 시대, 씨족 사회에서 문명 국가로 이행되던 시기의 인류 발전 단계와 국가 성립 과정이 나타난다. 오제 시대 말 순임금 대에 황허가 범람하여 곤이 대규모 치수사업을 관장했다. 그러나 그가 치수사업을 마무리하지 못했기 때문에 순임금은 곤의 아들인 우에게 치수할 것을 명했고, 그 후 치수사업에 성공한 우가 순임금을 시해하고 이룩한 세습 왕조가 하나라이다. 나라의 이름을 '하'라고 한 것은 그의 부족이 하후씨였기 때문인데, 기원전 2000년경 개창한 이래 14대에 걸쳐 마지막 왕 걸왕까지 열일곱 명의 왕을 배출하였으며 약 440년간 명맥을 유지했다고 한다.

상商은 기원전 1800년경 황허 유역 여러 성읍의 하나인 박하남성의 지도자 탕이 발달된 청동기 문화를 바탕으로 세운 나라이다. 그간 하나라와 함께 전설상의 시대로 여겨지기도 했지만, 은허와 정주 등의 발굴로 실재했던 중국 최고最古의 나라로 밝혀졌다. 그들은 기원전 13세기경 웅장한 도시를 지어 수도를 이전했는데, 이 도시가 은殷이며 그래서 은나라로 불리기도 했다. 이후 상은 청동기 시대의 전성기를 누리다가 주周에게 패하면서 막을 내렸고, 은은 폐허가 되었다고 하여 은허殷墟로 기록되었다. 그들의 발달된 청동기 문화는 정주와 은허 유적지에서 무수히 출토된 청동 무기, 제기, 청동 술잔, 장식품 등을 통해 알 수 있다.

상나라는 신정정치를 펼친 왕을 중심으로 하는 귀족지배계층과 피지배계층인 평민층으로 구성된 계급 사회로 농민, 수공인, 노예가 있었고 노예는 순장되기도 했다. 일식과 월식을 알고 예측했으며 별을 주기적으로 관측하고 간지를 사용할 만큼 천문과 역법이 발달했는데 이것은 농경 사회의 발달과 깊은 관

〈하·상·주의 세력 범위〉

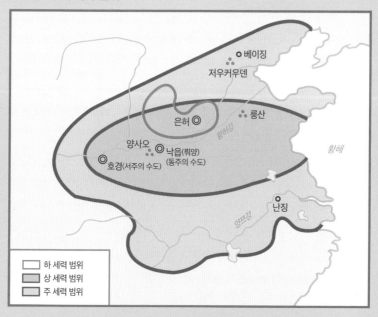

련이 있다. 수수, 밀, 조, 쌀을 재배했고 명주, 비단, 술, 감주 등을 제조했으며 목축 또한 활발히 이루어졌다. 개, 소, 양, 닭, 말, 돼지 등이 주요 가축이었고 심지어 1000마리의 소를 제물로 바치기도 했다.

상에서는 국가의 중대사를 결정할 때 '신의 뜻'을 알아보기 위해 점을 쳐 그 내용을 기록했다. 이 기록에 사용된 문자를 '갑골문자'라고 하는데, 갑골은 점에 사용되었던 거북의 배 껍질甲이나 소의 어깨뼈骨를 뜻하는 말이다. 갑골 재료들이 준비되면 갑의 한 면에 구멍들을 관통되지 않게 뚫고 길일을 택하여 제사를 지냈다. 그리고 골 면을 불로 지진 후 골 뒷면에 나타나는 무늬를 그 형태, 수, 주변 색깔 등을 종합 판독해서 해석했다. 문자가 없는 무자갑골, 문자가 새겨져 있는 유자갑골로 나뉘는데, 은허에서 16만 편이 넘게 출토된 갑골 35만 자에 사용된 글자 수는 약 5000자로 그 중에서 약 1500자 정도 해독되었다. 여기에는 제사, 제물의 종류와 수, 기후, 전쟁, 수렵 내용 등이 문법까지 갖추어 기록되었기 때문에 당시 생활 모습과 한자의 원형을 볼 수 있다.

상의 멸망과 관련된 두 가지의 일화가 있다. 첫째, 상이 멸망한 가장 큰 이유인 마지막 왕 주왕의 폭정. 주왕은 절세 미녀 달기와 방탕한 생활을 했는데 고사성어 주지육림酒池肉林의 기원이 되었다. 하나라 마지막 왕 걸왕이 말희라는 절세 미녀에게 빠져 폭정을 펼치다 탕왕에게 멸망한 것처럼, 탕왕이 세운 상나라의 마지막 왕 역시 정사를 제대로 돌보지 않고 달기에게 빠져 멸망했으니 아이러니한 일이다. 또 하나는 상이 멸망할 시점에 정반대의 길을 택한 두 부류의 지식인인 강태공여상과 백이, 숙제 형제. 상을 치려던 주 무왕이 강태공에게 자문을 구했을 때 강태공은 "그릇된 것을 알고도 바로잡지 않으면 도道가 아니다"라고 하며 폭군에 저항할 것을 주장했다. 그러나 백이, 숙제는 "주왕이 비록 도리에 어긋나지만 엄연한 군주"이므로 "신하의 몸으로 군주를 시해한다면 인仁이 아니다"라며 반대 입장을 고수했다. 결국 주가 상을 멸망시키자 백이, 숙제 형제는 주의 녹을 받지 않겠다며 수양산에서 고사리로 연명하다 굶어죽었고 강태공은 제후로 봉해져 그야말로 출세가도를 달렸다. 한가하게 낚시를 즐기며 세월을 낚는 사람의 대명사인 강태공의 또 다른 모습이다. ■세계사록

ZOOM-IN
세계사
돋보기
HISTORY
SHOW ME
德 MANY

기원전
2333년

고조선의 건국:
민족 신화의 탄생

천제天帝 환인의 서자 환웅이 인간 세상을 다스리고자 풍백, 우사, 운사와 3000명의 무리를 거느리고 내려와 태백산 신시를 열었다. 곡식, 수명, 질병, 선악 등에 관련된 360여 가지의 일로 인간을 이롭게 하던 그때 곰과 호랑이가 환웅에게 사람이 되기를 청했다. 곰은 쑥과 마늘로 삼칠일을 견뎌내 웅녀가 되었고 환웅과 결혼하여 아들을 낳으니 그가 단군이다. 단군왕검이 평양성에 도읍하고 조선이라는 국호를 쓴 것은 중국 요 임금 50년 경인년이었다기원전 2333. 이후 도읍을 아사달로 옮기고 1500년 동안 나라를 다스렸다고 한다.

　단군신화는 고조선 건국신화이지만 그 멸망 후에도 여러 갈래로 이어져서 우리 민족의 신화로 역사의 고비마다 되살아났다. 신라 유학자 김부식의 『삼국사기』1145가 아닌 고려 후기 승려 일연이 지은 『삼국유사』1281가 단군 신화 최고最古의 기록이 된 것도 그 때문이다. 『삼국유사』 첫머리 「기이」편에 놓인 고조선은 삼국으로 이어지는 삼한을 비롯한 여러 소국들 앞에서 그 기원과 같은 역할을 하고 있다. 역사학자들이 삼한일통三韓一統 의식이라고 부르는, 단군을 삼한 공동의 조상으로 보는 시각은 13세기 고려 지식인들의 공통된 사고였던 것으로 보인다. 외세의 간섭이라는 위기에 맞서 이런 의식을 공유한 이들에게 단군신화는 이미 고조선만의 신화가 아닌 일종의 '민족' 신화였으며, 이것은 당시 원에 의해 유·무형으로 간섭 당하던 고려인의 의식을 하나로 묶어 저항을 가능케 했을 것이다. 이후 단군신화 내용은 고려 후기 이승휴의 『제왕운기』, 조선 초기 권람의 『응제

시」「주」,『세종실록』「지리지」등을 통해 계속 이어져 내려왔다.

민족 신화의 존재 가치를 부여받은 단군신화 속 단군이 실존 인물이든 혹은 당시 군장을 가리키는 상징적 칭호이든 그 내용에 역사적 발전이 반영되어 있는 것은 사실이다. '널리 인간을 이롭게 한다'는 차원 높은 건국 이념, 농경 사회의 발달, 청동기 단계 부족의 씨족 사회 흡수, 제정일치적 국가 경영 등 한반도의 신석기에서 청동기 문명으로의 변화와 당시 군장 국가의 모습을 보여준다. 따라서 단군신화에 반영되어 있는 내용을 통해 고조선의 역사를 추측할 때, 청동기 문명을 받아들인 선진적인 환웅부족의 단군왕검이 여러 부족을 복속시키고 기원전 2333년경 요동과 한반도 일대에 이 지역 최초의 '국가'인 '고조선'을 세웠으며 아사달을 도읍으로 삼아 제사장과 최고 통치자를 겸하는 '군장'으로서 통치했다고 볼 수 있다.

사실 '고조선'은 편의상 쓰는 용어로 정식 국호는 '조선'이었다. 『삼국유사』에 고조선이란 용어가 나오고 이후 이성계에 의해 건국된 조선과 구별하기 위해 쓰게 된 고조선의 시기는 좁게는 위만에 의해 세워진 조선 이전의 단군조선만을 가리키기도 하고 위만 조선기원전 194~기원전 108까지 포함하기도 한다. 고조선은 비파형 동검, 민무늬 토기, 고인돌로 대표되는 유물을 통해 그 역사와 세력 범위, 이동 등이 추측되기도 하는데, 그 건국 연도는 『삼국유사』의 '중국 요 임금 50년'이라는 기록을 기준으로 추산한 것이다. 중국의 요순시대와 하나라 그리고 단군신화를 통해 알려진 고조선의 건국과 둘 사이의 교류 또한 실재했다고 본다면 중국과 고조선은 개국 후 550년 정도의 역사를 함께 공유하는 셈이 된다. 단군의 고조선 건국을 기념하는 현재 개천절은 대한제국 시기 단군을 모시는 신흥 민족 종교인 대종교의 경축일에서 유래되었다. 세계사록

talk 6
히이익… 미궁이다

 미노스　　　에게게~

한창때 멋모르고
겁 없이 흉가체험하고 그러잖아?

근데… 제발 그러지 마…

말리는 데는
다 이유가 있으니까.

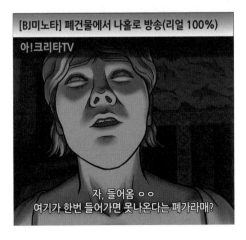

[안내] 방송에 입장하였습니다.

슈퍼그레이프 : 헐 진짜 갔네 갔어 ㄷㄷㄷ

인정세우스님이 별올리브 100개 선물!

알리오타5121 : 안에 미로같이 생겨서 나올수가 없뜸ㅋㅋ

[BJ미노타] 폐건물에서 나홀로 방송(리얼 100%)

아!크리타TV

와 개어둡네ㅎㅎ 1도 안보여
괴물 나오면 선빵 날림ㅋㅋ

시청자 : 643 ★

인정세우스 : 저기 ㄹㅇ 괴물나옴... 사람들 막 없어지구..

알리오타5121 : bj실종각 나오나요ㅋㅋㅋㅋㅋㅋㅋ

슈퍼그레이프 : ㅉㅉ허세 부리지말고 나와라

[BJ미노타] 폐건물에서 나홀로 방송(리얼 100%)

아!크리타TV

으악 누가 내 어깨잡았ㅇ라@&

시청자 : 768 ★

인정세우스 : 헐 뭐야뭐야 ㄷㄷㄷㄷ

슈퍼그레이프 : 히이이이이이익

알리오타5121 : 괴물이다

[BJ미노타] 폐건물에서 나홀로 방송(리얼 100%)

아!크리타TV

으아앙ㅇㅇㅇㄱ가ㅏㅏㅏ

시청자 : 768 ★

슈퍼그레이프 : ???? 엥....?
인정세우스 : 아저씨가 왜 거기서 나와???

하……
왜긴 왜야 이놈들……

여기 폐가 아니라
내 집이다… 하…ㅠㅠ
#크노소스궁전이라고오…

크다방

[월세] 1000/25

- 방 1300개
- 월세 에누리 가능 (기본 가격도 싸요)
- 즉시입주 가능

상세설명 : 넓고 깨끗한 궁입니다.

집주인 정보
실제 소유자 : 미노스왕
010-XXXX-XXXX
24시 친절 상담 가능~^^

메세지   전화

안 그래도 집 안 나가서 걱정인데,
폐가니 뭐니 소문나서 골치 아프네.

하하ㅎㅎ…
나랑 궁전 셰어할 사람?

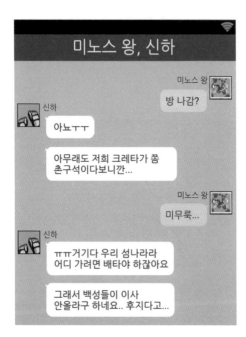

미노스 왕

ㅠ무슨 방법 없을까..

신하

살기 더 좋게 만들어야죠

대륙에 있는 좋은거
모조리 퍼오면 어떨까요?

BC 1200 NEW 아이템
오리엔트 청동검

청동물건들 좋은거 많던데ㅋㅋ

미노스 왕

굳굳 다 쓸어와

Ⅲ

쿠구구구구궁

휴!
열심히 리뉴얼했다.

우리 크레타에
대륙의 상품도 받아들이고,
문화랑 종교도 받아들이고ㅋㅋ

거래완료

1000 / 25 다세대

크노소스 궁

1300개 / 월세저렴 / 즉시입주 가능 / 넓고 깨끗

ㅋㅋㅋㅋㅋ이야~
사람들 모여드니 좋드드드드드

어? 전화 왔나?

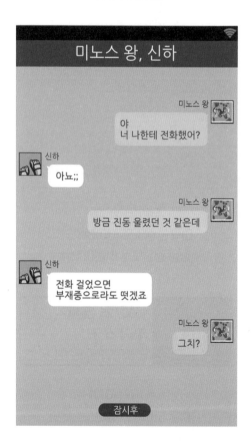

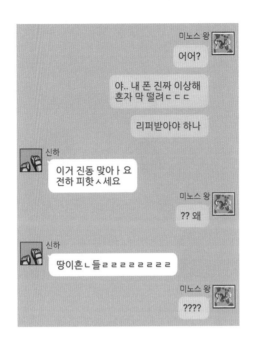

아…앙대…ㅠㅠ!!!!!

#대지진 #크노소스궁전 #붕괴
#내보금자리_물어내

그랬다고 합니다.

- 지중해 부근 크레타, 미케네, 트로이 문명 등을 일컬어 '에게 문명' 이라 부르다. 오리엔트 문명의 영향을 받아 청동기 문명으로 성장하다.
- 미궁으로 알려진 크노소스 궁전은 왕과 귀족들의 방, 사무 공간, 창고 등 약 1300여 개의 방으로 이루어져 있었다. 신화에 따르면, 인간과 소 사이에서 태어난 미노타우로스가 살았다고.
- 크레타 문명의 멸망 원인으로는 지진, 화산 폭발 등의 자연 재해설과 힉소스인의 침입 등이 있으나 확실히 증명된 바는 없다.

BC 3000년~BC 1200년경 에게해 크레타섬

기원전

기원후

5000 4000 3000 2000 1000 1년

에게해 문명:
서아시아에서 유럽으로 빛이 이어지고

청동기 문명을 바탕으로 한 유럽 최초의 국가는 그리스의 크레타 섬에서 태동했다. 기원전 3000년경 시작된 '크레타미노아' 문명은 발달한 행정조직과 이집트 등과의 교역망을 통해 얻은 부를 바탕으로 에게해 문명의 중심이 되었다. 발달한 도로망을 통해 다른 도시 및 항구와 연결된 수도 크노소스에는 '미노스'라는 군주 시대의 높은 문명 수준을 가늠해볼 수 있는 거대한 크노소스 궁이 있다. 채광 시설 및 화장실, 하수도 시설까지 있지만 성벽이 없는 독특한 이 성은 직사각형 안뜰 주변에 세워진 수많은 건물로 이루어져 있다. 그 궁의 규모와 구조가 워낙 거대하고 복잡하여 궁전 안에 라비린토스Labyrinthos라는 미궁을 두고 그 안에 왕비 파시파에가 황소와의 사이에서 낳은 괴물 미노타우로스미노스의 황소를 가두었다는 신화가 탄생하기도 했다. 상형문자를 개선하여 만든 선형문자A, 유려한 도기, 건물을 장식한 돌고래 프레스코 화畵 등이 밝고 여성적인 미노아 문명의 특징을 뒷받침한다.

이들의 뒤를 이은 에게 문명의 패자는 미케네인이다. 인도-유럽어족에 속하는 이 그리스인들은 기원전 2000년경부터 발칸 반도를 지나 펠로폰네소스 지방으로 남하하여 많은 독립적인 소왕국을 건설했다. 그들은 구릉 지대 곳곳에 두꺼운 거석으로 성책을 세웠는데 그 돌들이 거대했기 때문에 신화 속 애꾸눈 거인 키클롭스만이 쌓을 수 있다 하여 후대 그리스인들은 그 성벽을 '키클롭스의 성벽'이라고 불렀다. 성벽 안의 넓고 반듯하게 닦인 도로들은 당시 이집트와 서아시아의 발달된 문명이 크레타 섬에 자리 잡았다가 미케네에 상륙한 것을 보여준다.

미케네인은 끊임없이 주변 부족들을 침략했는데, 이 호전적인 유목민족은 크레타 영향권의 원주민과 충돌하면서 미노아 문명을 흡수했고 결국 기원전 1500년 중엽 크노소스를 지배한 것으로 보인다. 이는 아테네의 왕자 테세우스가 미노스 왕의 딸 아리아드네의 도움을 받아 미노타우로스를 퇴치한 신화에 반영되어 있다. 그들은 미노아 문자를 개조한 선형문자B를 만들어 통치에 사용했으며 상무적이고 군사적인 그들의 특성이 반영된 예술을 발달시켰다. 기본적 생산은 목축이었고 왕실을 중심으로 발달한 수공업으로 외국과의 교역도 광범위하게 이루어져 에게해뿐 아니라 히타이트, 페니키아, 이집트 등과도 접촉했다.

호메로스기원전 800~기원전 750가 기록한 트로이 전쟁의 전설은, 기원전 1250년경 미케네가 흑해 교역의 관문 역할을 하던 도시 트로이를 공격한 전투를 상상하면서 쓴 것으로 추정된다. 그러나 그 전쟁에서 미케네가 승리했다면 그것은 그들의 마지막 승리였을 것이다. 왜냐하면 기원전 1200년경 내부 반란 때문인지, 외부의 침략 때문인지 알 수 없는 이유로 미케네는 폐허가 됐기 때문이다. 이는 그리스 본토에 남하해온 도리아인의 침입으로 여러 도시가 붕괴되어 종말을 고했을 것으로 추측될 뿐, 이후 4세기 동안 그리스 전역에는 아무 기록도 남지 않는 '암흑시대'가 도래했다. 그러나 호메로스의 서사시 『일리아스』는 19세기 중엽까지 '신화'로만 존재했던 에게 문명이 아마추어 고고학자 하인리히 슐리만1822~1890에 의해 1870년 이후 세상에 '역사'로서 드러나게 된 추진력이 되었다. 신화를 역사로 바꾼 그의 발굴 이후 1900년부터 영국의 고고학자 아서 에번스1851~1941는 크노소스궁을 발굴하여 미노아 문명의 존재를 밝혔다. 이러한 발굴은 서아시아에서 올라온 문명이 그리스에 도착하는 과정에서의 징검다리로서, 그리스보다 앞서 발달했던 에게해 문명의 실재가 증명된 역사적 순간들이었다. 세계사록

인생은 실전이라네 feat. 함무라비

I

신
고

살면서 억울한 일
당해본 적 있어?

난 있어ㅠ

메소포타미아 백성 우르투카

문자신고 가능한가요

 메소포타미아 경찰

네네 뭘 도와드릴까요

 메소포타미아 백성 우르투카

도와주세요 폭행당했어요ㅜㅜ

길가다가 어깨 살짝 부딪쳤는데
전 분명히 사과 했거든요

근데도 가해자가 절
이렇게 쥐어패놨네요

 메소포타미아 경찰

헐 너무하네
가해자 신분 아시나요

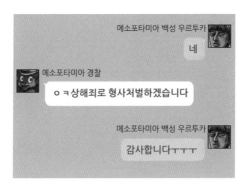

휴, 다행이다.
정의는 살아 있구나!

그런데, 얼마 뒤.

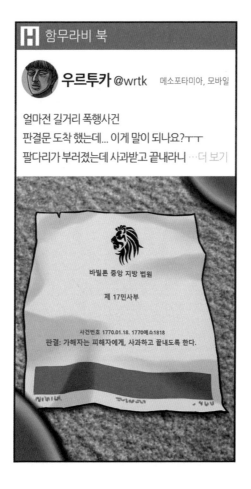

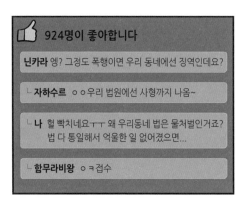

그리고, 얼마 뒤.

함무라비법 "눈에는 눈, 이에는 이"

으아아왕 ㅜㅜㅜㅜ
함무라비왕 만세! 만만세!

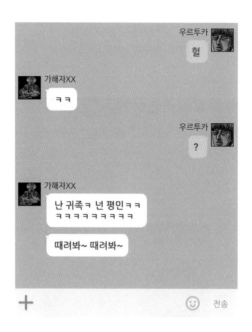

#계급적_차등처벌 #불공평해

그랬다고 합니다.

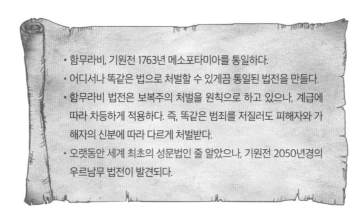

- 함무라비, 기원전 1763년 메소포타미아를 통일하다.
- 어디서나 똑같은 법으로 처벌할 수 있게끔 통일된 법전을 만들다.
- 함무라비 법전은 보복주의 처벌을 원칙으로 하고 있으나, 계급에 따라 차등하게 적용하다. 즉, 똑같은 범죄를 저질러도 피해자와 가해자의 신분에 따라 다르게 처벌받다.
- 오랫동안 세계 최초의 성문법인 줄 알았으나, 기원전 2050년경의 우르남무 법전이 발견되다.

BC 1750년경 바빌로니아

기원전　　　　　　　　　　　　　　　　기원후

5000　　4000　　3000　　2000　　1000　　1년

2부

철기 문명의 바람

기원전 1300 전후 》 기원전 600 전후

상나라인

갑골문자 만들었어요ㅋ 공유합니다~

 [폰트] 휴먼뼈다귀체.zip

페니키아인

우리도 글자 만들었는데ㅋ

 [폰트] 알파벳.zip

그리스인

알파벳 퍼가요~

감사해서 유기농 올리브랑 포도 드립니다ㅋㅋ

천자

ㅇㅇ글자 받고 땅 나눔합니다~

제 제후 하실분~ 땅 받아가세요ㅎㅎ

수드라

ㅠ...다들 잘 사시네요...
전 아무래도 다시 태어나야 할듯ㅠㅠ

브라만

ㅋ

 전송

똑똑똑 택배왔습니다

 페니키아맨 ABCDEFG

 그리스 개이득ㅋ

페니키아맨

나, 페니키아맨.
배 타고 물건 파는 장사꾼이야.
물건 사면 슝슝 배송해 Dream~ㅋㅋ

인더스타그램

페니키아맨 @phoenicia 📍보트위에서

♥ 5,641명이 좋아합니다.

하얀 천과 바람만 있으면 어디든 간다ㅋㅋ
#오늘사면_내일도착 #보트배송

오늘도 열심히 일해 보실까ㅎㅎ

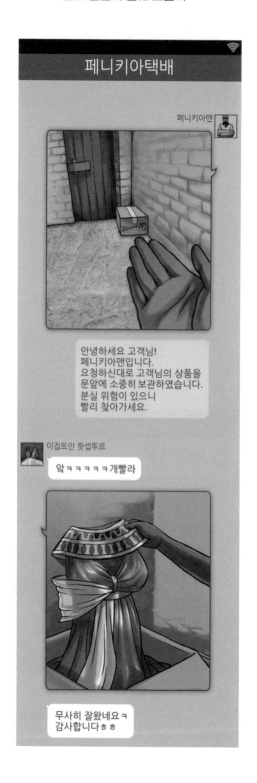

후웅… 근데 요즘 불경긴가?
생각보다 장사가 잘 안 되네.

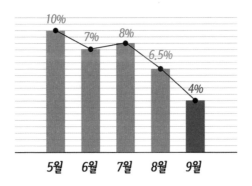

바르고 빠른 택배,
페니키아 택배 수익률

시장을 더 개척해야겠어.
어디 좋은 데 없나?

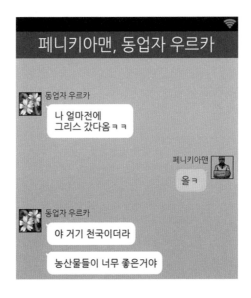

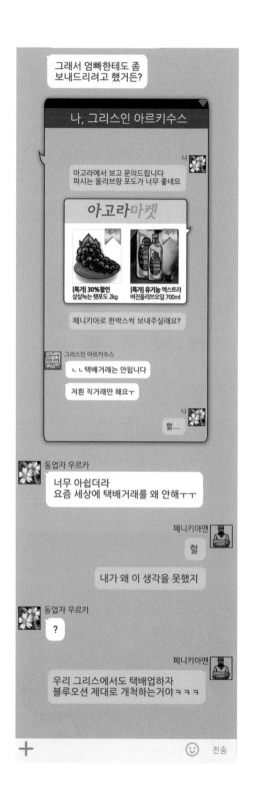

어떻게 됐냐구?

대성공!

그리스 물건 떼다 팔고~
외국 물건 그리스에 날라주고!

크으~ 이제부턴
지중해를 넘나드는 국제무역이다!

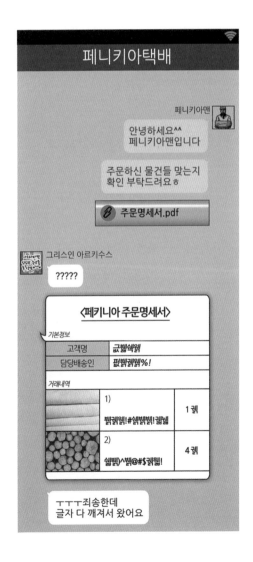

페니키아택배

페니키아맨

안녕하세요^^
페니키아맨입니다

주문하신 물건들 맞는지
확인 부탁드려요ㅎ

📎 주문명세서.pdf

그리스인 아르키수스

?????

〈페키니아 주문명세서〉

기본정보

고객명	긆뷀쉒웱
담당배송인	펇뷁궠웱%!

거래내역

	1) 뷁궠웱!#쉒뷁뷁!궠뷁뷁	1 궦
	2) 쉒뷁)^뷁@#$궦웱!	4 궦

ㅜㅜㅜ죄송한데
글자 다 깨져서 왔어요

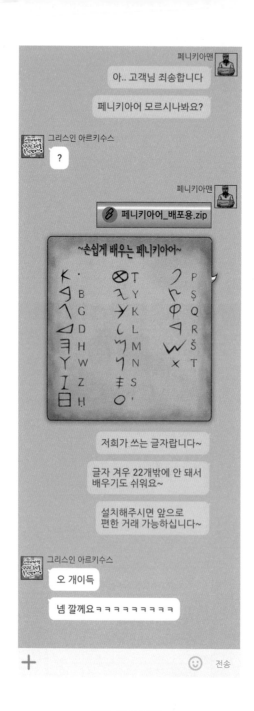

#페니키아문자
#영어_알파벳의_조상님

그랬다고 합니다.

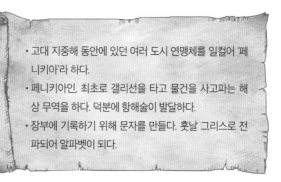

- 고대 지중해 동안에 있던 여러 도시 연맹체를 일컬어 '페니키아'라 하다.
- 페니키아인, 최초로 갤리선을 타고 물건을 사고파는 해상 무역을 하다. 덕분에 항해술이 발달하다.
- 장부에 기록하기 위해 문자를 만들다. 훗날 그리스로 전파되어 알파벳이 되다.

BC 8세기경 페니키아

기원전   기원후

5000   4000   3000   2000   1000   1년

히브리인과 페니키아:
유럽 문명의 기반을 닦다

기원전 1280년 이집트의 하층민인 히브리인 수만 명이 집단으로 이집트를 탈출해 팔레스타인으로 이동했다. 힉소스계의 이집트 지배층의 멸망과 관련 있는 것으로 추측되는 이 사건에서 파라오의 군대는, 유일신인 여호와로부터 민족 구원의 명령을 받은 지도자 모세가 이끄는 히브리인들을 놓아주어야 했다. 모세는 여호와가 약속한 '젖과 꿀이 흐르는 땅' 가나안을 향해 가면서 시나이 산에서 받은 십계명을 통해 히브리인들을 유일신 신앙으로 교육시켰다. 여호와만을 섬기는 유일신 숭배로 인해 그들은 다른 민족들과 뚜렷하게 구별되는 종교생활을 했으며 이는 헬레니즘과 함께 유럽 문명을 세운 기둥이 되었다.

팔레스타인에 정착한 이들은 이스라엘 왕국을 세웠고 초대 왕 사울의 뒤를 이은 다윗은 남방 여러 부족의 중심 도시 헤브론에서 유대 왕국을 세웠다. 다윗은 이스라엘 왕국의 왕위도 겸하였는데 기원전 928년경 다윗의 아들 솔로몬이 죽자, 북이스라엘과 남 유대 왕국으로 나뉘어졌다. 이후 두 왕국은 적대와 평화관계를 되풀이하다 기원전 722년에 아시리아에 의해 북이스라엘이 먼저 멸망당했다. 기원전 701년 아시리아의 예루살렘 침공에 기적적으로 함락을 면하지만 그 후 약 70년간 유대 왕국은 아시리아의 속국이 되었고 이후에는 이집트와 대립했다. 그러다 결국 네부카드네자르가 이끄는 신바빌로니아 군에게 예루살렘을 점령당하면서 유대 왕국은 멸망하여 그 지배층은 바빌론으로 끌려갔고, 이를 바빌론의 유수기원전 586라고 한다.

히브리인이 일명 '헤브라이즘Hebraism'이라고 명명되는 유일신 신앙과 사상을 통해 유대교, 크리스트교, 이슬람교의 원류가 됨으로써 유럽에 종교적 영향을 미쳤다면 페니키아는 그 사용한 문자로 세계사에서 큰 역할을 담당했다. 페니키아는 오늘날의 시리아와 레바논 해안지대인 지중해 동안을 일컫는 고대 지명이다. 그들이 스스로를 어떻게 불렀는가는 확실치 않으나, 페니키아라는 명칭이 붙여진 것은 기원전 1200년경 그들이 해상 무역으로 전성기를 누리던 시기 그리스인들에 의해서였다. 그리스인들은 그들을 포이니키스, 즉 '자紫색의 사람'이라고 불렀는데, 이는 페니키아인들이 왕족이나 귀족들이 의상에서 권위의 상징으로 호평받았던 값비싼 보랏빛 염료를 만드는 기술을 보유하고 있었기 때문이다. 이들은 하나의 정치 단위로 통일된 적은 없으나 시기마다 강력한 도시들을 중심으로 한 연맹의 형태를 취하면서 해상 교역을 통해 지중해 전역을 장악했고, 그 바탕에는 우수한 조선 기술과 항해 기술이 있었다.

페니키아는 이집트의 영향력 아래 있었으나 기원전 14세기 히타이트 등이 이집트를 공격하면서 독자적인 해양 세력으로 성장했다. 특히 이집트의 영향력이 매우 약해졌던 기원전 12세기에 스스로 식민지를 개척하기 시작하여 지중해 연안의 사이프러스, 코카서스, 사르디니아, 이베리아 반도, 심지어 동인도까지 세력을 확장했고 아프리카 북 해안에 식민도시 카르타고를 건설하기도 했다. 해상 교역과 문화 전파를 통한 페니키아의 전성기는 약 400년간 지속되었으며, 이 시기에 오늘날 알파벳의 모태가 되는 페니키아어 알파벳이 보급되었다. 상형문자와 달리 글자 수가 20여 개에 불과한 알파벳을 개발한 것은 상거래를 효율적으로 처리하려는 노력의 소산으로 그야말로 획기적인 발명이었다.

기원전 9세기 아시리아가 소아시아와 북아프리카의 페니키아 식민도시들을 잠식하며 팽창하면서 페니키아의 독립성은 축소되었고 이후 페르시아, 그리스, 로마의 흥기와 함께 역사에서 사라지게 된다. 그러나 그들이 남긴 페니키아 알파벳은 지중해 해상 무역의 후발주자인 그리스로 건너가 현재 알파벳의 기원이 됨으로써 역사에 그 이름을 완전히 새겨 넣었다. 세계사톡

뼈야 뼈야 미래를 보여줘

노처녀 왕린 　죽겠어요

거북이 　o_o;;;

하나요

점을 치자

사람이라면
앞날이 궁금하기 마련.

그건 옛사람들도 마찬가지였는데.

甲孤鏤口來門

 모쏠남_유소　📍 원조 거북점집 앞에서

전 집
타로 사주 연애

♥ 32명이 좋아합니다

대박ㅋㅋㅋ연애운 다 맞춤ㅋ
#거북점집 #인생점집 #또와야지

 백수_여소방
나도 가봄ㅎ 직장운도 잘 맞춤ㅋㅋ큐ㅠㅠ

 노처녀_왕린
우왕ㅋ 나도 봐야지ㅋㅋ 올해는 결혼 할 수
있으려나?

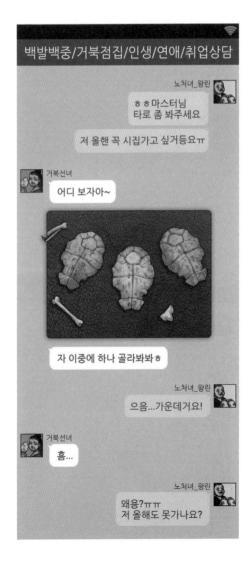

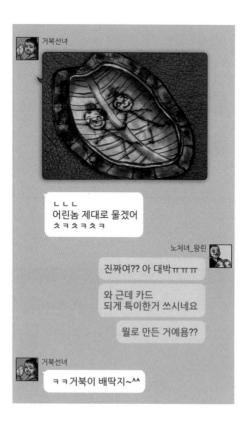

이처럼 상나라 사람들은
거북이나 동물뼈로 운명을 점쳤다.

甲孤鏤口來門

노처녀_왕린 📍 우리집에서

128명이 좋아합니다

치킨뼈야 치킨뼈야 말해줘
내 미래는 어떻니? #뼈점 #꺼억

 백수_여소방
치킨 : 살이 찔거예요 꼬꼬댁 ^◇^

 노처녀_왕린
@백수_여소방 뒤졌어 니

심지어 나랏일도
점을 쳐서 결정했는데.

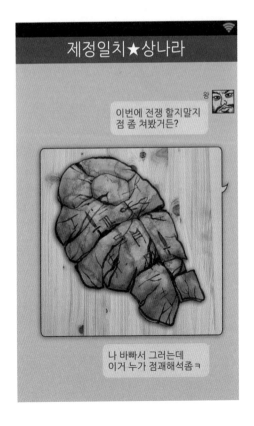

점괘해석문

"오늘부터 내가
국가대표 제사장!"

자, 나라 앞날이 어떨지
점괘를 들어볼까?

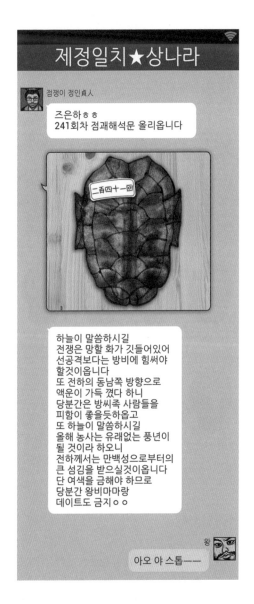

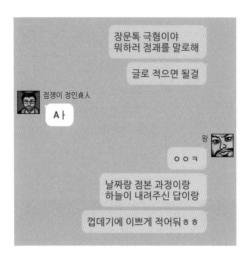

상나라 사람들,
점을 치고 결과를 뼈에 써두다.

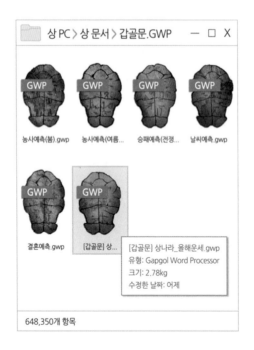

이름하야 #갑골문
현존하는 가장 오래된 한자다.

그랬다고 합니다.

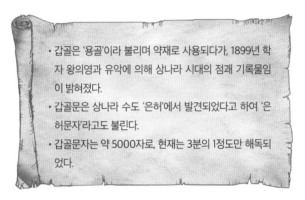

- 갑골은 '용골'이라 불리며 약재로 사용되다가, 1899년 학자 왕의영과 유악에 의해 상나라 시대의 점괘 기록물임이 밝혀졌다.
- 갑골문은 상나라 수도 '은허'에서 발견되었다고 하여 '은허문자'라고도 불린다.
- 갑골문자는 약 5000자로, 현재는 3분의 1정도만 해독되었다.

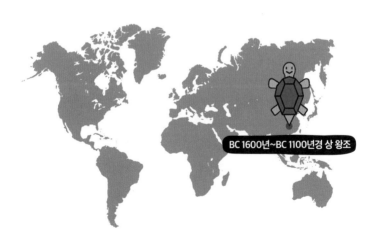

BC 1600년~BC 1100년경 상 왕조

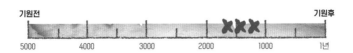

기원전　　　　　　　　　　　　　　　　　　　　　　기원후

5000　　4000　　3000　　2000　　1000　　1년

청동기에서 철기로:
농경민족과 유목민족

기원전 1500년경부터 인도에서 에게해에 이르기까지 유라시아의 문명 세계 전역에 큰 변화의 바람이 불어닥쳤다. 인류를 청동기 문명 세계에서 철기 시대로 이끈 유목민족들의 활동이 그것이다. 당시 중앙아시아에서 동일 계통의 언어를 쓰던 유목민족들이 철기로 청동기 문명 세계 전역을 휩쓸며 그 지역의 선주민들을 몰아내거나 혼혈을 통해 '주류 민족의 교체'를 이루었다. 미케네인이 그리스 반도를 장악하여 크레타 대신 에게해 문명의 주도권을 쥔 것은 이 시대의 변화를 보여주는 대표적 사건이다. 이와 함께 아나톨리아 고원을 장악하고 오리엔트 지역을 정복한 히타이트, 드라비다족의 인더스 문명 대신 갠지스강 유역에서 새 문명의 시대를 연 아리아인 등은 이후에 활동할 켈트인이나 게르만인과 같은 인도-유럽어족 또는 그 방계이다. 세계 4대 문명 중 유목민족의 침입을 받지 않고 철기 시대 단계로 접어든 곳은 중국 황허 문명뿐이었다.

이에 따라 철기 시대는 중국의 한족과 유라시아 서반부 역사를 장악한 이 유목민족에 의해 건설된 문명들이 주류가 되었다. '침략과 정복'으로 그 활동을 평가받는 이들을 '그동안 쌓아 올린 청동기 문명을 잿더미로 만든 야만인'이라고 부르기도 한다. 이에 더해 철기 문명이 청동기 문명을 멸망시켰기 때문에 문명이 사라지고 암흑기가 도래했다 하기도 한다. 그러나 이러한 시각은 '역사'라는 학문을 이어온 농경민족의 입장에서 바라본 유목민족에 대한 폄하에서 나온 것이 아닐지 생각해볼 문제다.

사실 농경 문화에 기초한 청동기 문명은 4대 문명으로 그 특징이 정리되는 반면 현재 우리가 살고 있는 철기 시대는 그 도래보다 청동기 문명을 멸망시킨 정복자로서의 히타이트나 아리아인에만 초점이 맞춰져 있다. 이는 유목민족들의 공격이나 정복이 급격히 발생했다가 사라지거나 빠르게 동화되어 학자들이 정리하기 쉽지 않기 때문이다. 더구나 시간적 범위가 짧거나 지리적 범위가 넓게 분산되어 있다면 체계적인 발굴이 어려워 그들의 역사를 복원하기는 더욱 어렵다. 그러나 '외부의' 유목민족이 문명을 직접 침입했든지 또는 간접적으로 부유한 문명권에 인접해 살아왔던 '내부의' 유목민족을 부추겨 부유한 문명권을 침입하게 했든지 그들이 새로운 문명의 촉매제가 되었던 것은 사실이다.

　그들이 주로 살던 중앙아시아의 평원지대나 몽골 고원 등지는 강수량이 적고 기온이 낮은 산지 지형으로 토지가 척박하여 농경에 불리했던 곳이다. 이곳에서 삶을 영위한 많은 유목민족들은 목축을 주로 하였는데 계절의 변화에 따라 끊임없이 이동하는 그들의 삶은 개방적인 세계관 형성에 영향을 주었다. 또한 필요한 물품의 확보를 위해 농경 지역을 공격할 때마다 발휘되었던 주변 부족과의 단결성은 그들의 큰 무기였다. 이들은 뛰어난 기마 능력을 갖추고 가축을 몰던 기술을 전투 능력으로 발휘하면서 강력한 군사력을 확보하였다. 이란 지역을 장악하고 인도까지 세력을 뻗쳤던 아리아인은 스스로를 '아리아고귀하다'라고 일컬을 정도였다.

　이러한 유목민족은 토지에 묶여 절기에 따라 반복적인 농경생활을 하면서 보수적이고 소극적인 성향을 가지기 쉬웠던 농경민족에게 무서운 침략자들이었으며 이와 같은 생업과 사회의 이질성은 갈등과 상호 비난을 초래했다. 그러나 세계사를 긴 안목으로 바라보았을 때 유목민과 농경민의 삶은 서로 보완 관계에 있기 때문에 역사적 주축을 이룬 자들의 사회 발전이 한계에 부딪히면 다른 한편에게 역사적 주도권이 넘어가 균형을 맞추며 발전했다. 그리스, 페르시아, 인도 등지에서 유목민족의 '철기'라는 선진적인 도구가 이전 농경 문명과 성공적으로 접목되어 더욱 풍성한 문명 시대를 열었던 장면은 그 역사적 증거이다. 세계사록

기원전
2000년경
~기원전
600년경

히타이트와 아시리아:
잊힌 제국의 영광을 찾아

터키 앙카라 동쪽 200킬로미터에 있는 하투샤는 아나톨리아떠오르는 태양을 향한 땅의 장엄한 평원을 배경으로 세워졌던 고대 도시 유적이다. 밀집된 석재 기념물의 흔적만 남아 있어 이스탄불과 달리 관광객의 방문은커녕 자국인의 발길도 뜸한 곳이지만 이곳은 유네스코가 지정한 세계문화유산이다. 청동기 시대 후기에 세계 최초 철제 무기를 가지고 오리엔트 세계를 장악했던 거대한 히타이트 제국의 수도로서 역사적 의의가 크기 때문이다. 왕궁, 사원, 교역소, 공동묘지 등의 유적, 사자의 문, 왕의 문, 부조 작품 등은 사라진 히타이트 문명이 가졌던 장대함의 일부로나마 남았다. 이곳에서 발굴된 1만여 점 점토판의 정치, 종교, 신화 관계 자료에 의해 히타이트어는 문자로 남겨진 인도-유럽어 중 가장 오래된 언어로 인정받았다.

기원전 14세기경 가장 강성했을 것으로 추정되는 이들이 어디에서 왔는지 많은 부분이 베일에 가려져 있다. 그러나 기원전 1275년경 히타이트는 유프라테스강 앞의 카데시에서 시리아 영유권을 둘러싸고 이집트와 전투를 벌였다. 당시 대국이었던 이집트의 우세한 병력 앞에 철제 무기와 전차를 이용한 히타이트가 승리를 거두었는데 이 사건은 철기 시대를 여는 역사적인 신호탄이 되었다.

그들이 어떻게 멸망했는지 정확한 이유는 알려져 있지 않다. 철기 문명에 힘입어 모든 부족이 눈독 들이던 동서 교통의 육상 루트를 정복했던 그들도 이후의 여타 다른 제국들과 비슷하게 왕위를 둘러싼 내분과 갈등, 무역망의 상실, 기후 변화로 인한 식량 부족 등의 이유로 몰락해갔을 것이라 추측할 뿐이다. 히타이트는 기원전 1190년경 서방 민족의 침입으로 붕괴된 후 일부가 시리아로 피신하여 명맥을 유지하였으나 아시리아의 사르곤 2세에 의해 카르케미시가 점령기원전 717당하면서 완전히 멸망했다. 이로써 기원전 2000년경부터 시작된 제국의 역사는 사라지고 아시리아가 서아시아의 맹주로서 그 자리를 잇게 된다.

아시리아는 메소포타미아의 수메르가 멸망기에 접어든 기원전 2000년대 초를 전후하여 독자적인 세력권을 형성했다. 그들은 티그리스강의 지리적 이점을 이용해 바빌로니아에서 산출되지 않는 금속, 보석, 목재, 석재 등을 실어 나르는 원거리 무역에 종사하면서 발전했다. 바빌로니아, 북이스라엘, 시리아 등을 차지하면서 서아시아 문명 지대를 대부분 통일했던 그들의 전성기는 이집트 25왕조를 상 이집트로 축소시키며 정복한 시기기원전 671였다. 이로 인해 아프리카의 국가임에도 서아시아의 강대국으로 수천 년간 군림해 왔던 이집트는 약소국으로 전락했고 아시리아는 서아시아 최초의 통일 제국이라는 명성을 얻었다.

아시리아는 기병과 전차를 갖춘 강력한 군사력으로 서아시아를 정복한 후 조직화된 관료군, 완비된 역전 제도 등을 통해 광대한 영토를 효율적으로 통제했다. 또 도시 계획이나 축성에 능했던 이들은 메소포타미아 문화를 융합하여 변경지대에 전함으로써 문화 중심지의 역할을 하기도 했다. '아시아'가 그리스인들이 그들 동쪽 나라들을 가리킬 때 사용한 '아수asu:동쪽'라는 아시리아어에서 유래되었다는 말이 있을 정도다. 그러나 그들의 점령지에 대한 가혹한 통치와 무거운 세금은 국민의 반발을 샀고, 그 결과 통일 제국을 세운 지 50여년 만에 신바빌로니아칼데아 왕국를 세운 나보폴라사르와 메디아인의 공격을 받아 수도 니네베가 함락되고 멸망한다기원전 612. 이들 영토는 이집트, 신바빌로니아, 메디아, 리디아 4개의 국가로 나뉘게 되며 이후 서아시아의 통일은 페르시아 시대에 다시 달성된다. 세계사록

올림피아에서 현피 뜨실 분?

17-628

	아테네	시민 개꼴아
	스파르타	po복근wer
	엘리스	친구ㄱㄱ

I 밥 먹자

나는
고대 그리스인!

살 곳을 찾아
배 타고 에게해를 넘어왔어.

INΣTAΓPAM

우왕 육지다ㅋㅋ #배멀미꾿
여길 그리스라 부르자

♥ 첫 좋아요를 눌러보시우스

여기도 산, 저기도 산!

험한 땅이긴 하지만,
그래도 정붙이고 살자♥

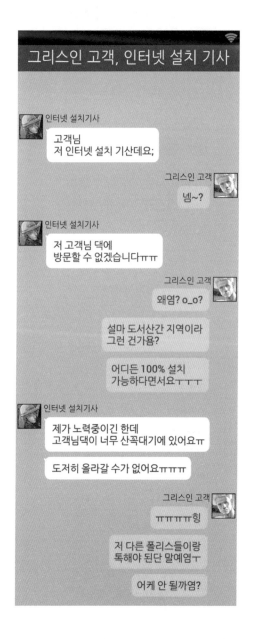

인터넷 설치기사
살려주세요 고객님ㅜㅠ

전송

높은 언덕과 광장

결국 서로 교류할 수 없어,
그리스엔 각각 개성 있는
도시국가들이 생겨났어.

그 숫자가 자그마치
1500개 이상!

Wi-Fi 네트워크를 선택하시우스	
아테네	🔒 📶 ⓘ
스파르타	🔒 📶 ⓘ
코린토스	🔒 📶 ⓘ
테베	🔒 📶 ⓘ
아르크스	🔒 📶 ⓘ
엘리스	🔒 📶 ⓘ

이 도시국가들을
'폴리스'라고 불러.

폴리스는 크게
'아크로폴리스'와
'아고라'로 구성되지!

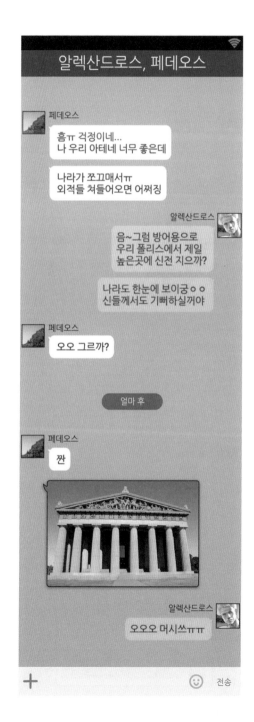

알렉산드로스, 페데오스

페데오스
흠ㅠ 걱정이네...
나 우리 아테네 너무 좋은데

나라가 쪼끄매서ㅠ
외적들 쳐들어오면 어쩌징

알렉산드로스
음~그럼 방어용으로
우리 폴리스에서 제일
높은곳에 신전 지으까?

나라도 한눈에 보이궁ㅇㅇ
신들께서도 기뻐하실꺼야

페데오스
오오 그르까?

얼마 후

페데오스
짠

알렉산드로스
오오오 머시쓰ㅠㅠ

아크로폴리스acropolis : '높은(akros) 언덕'이란 뜻.
군사적 거점이자 신성한 영역.

그럼 아고라는?

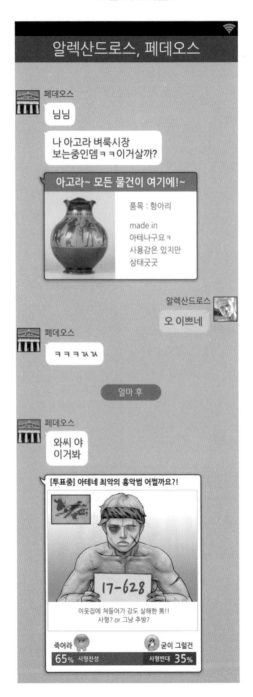

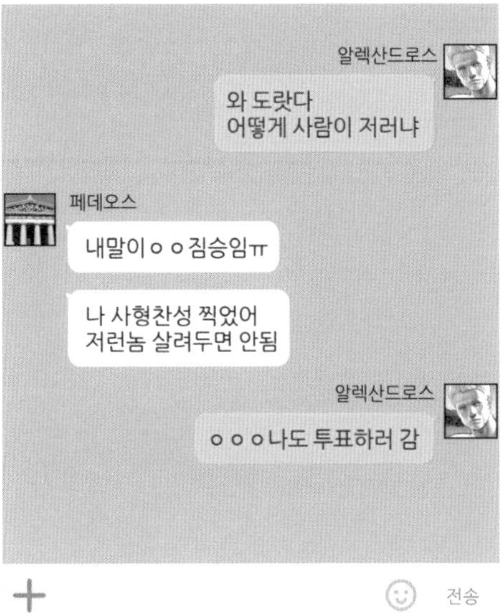

아고라agora : '광장'이란 뜻.
물건을 사고팔거나,
투표를 하고 집회를 여는 시민의 공간.

Ⅲ

붙어보자

하지만 우리가
늘 하하호호 하는 건 아냐.

옆 동네 폴리스들이
심심하면 시비를 털거등…-_-

후……

[스포츠] 뜨겁다! 폴리스들의 정면승부!

각 폴리스를 대표하는 몸짱 선수들!
올림피아에서 이어달리기, 전차경주,
창던지기 등을 겨루었다. 네티즌 "흥미진진"

네티즌 덧글(3개)

└헬라 : 왜 여자들은 안 들여보내주냐ㅗㅗ

└아카페 : 내말이ㅗㅗ

└도리스 : 따… 딱히 알몸 보려고 그러는거
　　　　아니거든??

아테네, 스파르타, 엘리스

스파르타
얘두라 사진 나옴ㅋ

아테네
우왕굳ㅎ
올 스파르타 키커보임

스파르타
ㅋ아테네 니도
직접 보니깐 샌님주제에
복근좀 있던뎀

ㅋㅋㅋ

그리스인들,
올림피아 제전을 치르며
화합하다.

오늘날 세계인의 축제
올림픽이 되다.

그랬다고 합니다.　　　　　끝.

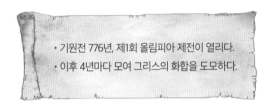

- 기원전 776년, 제1회 올림피아 제전이 열리다.
- 이후 4년마다 모여 그리스의 화합을 도모하다.

BC 776년 고대 그리스

암포라 출처 : Sharon Mollerus, CC BY 2.0, Flickr

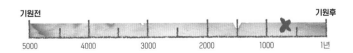

기원전　　　　　　　　　　　　　　　　　　　기원후

5000　　4000　　3000　　2000　　1000　　1년

고대 그리스:
지중해 강자로 떠오른 헤라의 자손들

그리스가 역사 속에 다시 그 모습을 드러내기 시작한 것은 기원전 800년경이다. 트로이 전쟁 후 철기로 무장하고 남하한 도리스인에 의해 미케네 문명이 파괴되고 선형문자B도 사라지면서 그 당시 그리스인들의 생활이나 사회를 알 수 있는 문서 또한 남지 않았다. 그래서 암흑시대라 불리는 약 300년의 시기는 그 말미에 나타난 호메로스의 『일리아스』『오디세이아』를 통해 유일하게 정보를 얻을 수 있기에 '호메로스 시기'라고도 한다.

산맥으로 나뉜 골짜기나 해안의 평지를 따라 작은 도시들폴리스polis이 형성되면서 새로운 그리스 역사가 시작되었다. 이 시기 그리스는 넓고 비옥한 평야지대 대신 산맥에 의해 고립된 여러 지역의 수많은 폴리스로 구성되었다. 폴리스는 보통 성벽으로 둘러싼 도시를 중심으로 주변의 농촌지역까지 포괄하는 개념이다. 그 중심에는 수호신을 모신 신전과 유사시 피난처나 항거의 최후 거점 역할을 했던 고지대의 성채아크로폴리스, 공공활동의 장소이자 시민들의 사교의 장아고라이 있었다.

수많은 폴리스들 가운데 가장 두드러진 것은 정복자 도리스인이 세운 스파르타와 도리스인의 파괴를 모면했던 이오니아인의 아테네였다. 이 둘의 관계에서 드러나듯이 폴리스들은 때로는 경쟁하거나 대립하기도 했지만 자부심은 매우 높았다. 그래서 자신들을 '헬레네스Hellenes:헤라의 자손'라고 부르며 이민족인 바르바로이Barbaroi와 구별하였고, 헬레네스가 사는 곳을 본토와 식민지 통틀어 헬라스Hellas라고 했다. 알렉산드로스 제국의 문화를 가리키는 '헬레니즘Hellenism'은 '헬레네스의 사상 문예 체계'를 뜻한다. 이는 19세기 영국의 문학 평론가 매슈 아널드1822~1888가 유대인의 종교와 사상을 아우른 헤브라이즘과 함께 유럽 문화의 두 기둥으로 이름 붙인 것이다.

그리스인들은 델피의 아폴로 신전을 중심으로 정치·군사적 동맹을 맺기도 했고 단합을 위한 축제의 장을 열기도 했다. 펠로폰네소스 반도의 서부에 있는 올림피아 제우스 신전에서 기원전 776년부터 4년마다 모든 폴리스가 참가하는 한 달간의 제전을 열고, 그 기간 동안은 폴리스 간의 전쟁도 금지하였다. 이것이 근대 올림픽의 기원으로, 제전의 하이라이트는 마지막 날 거행되는 폴리스 대항경기인 1스타디온191.27미터 달리기 종목에 참가한 선수들이 실오라기 하나 걸치지 않은 채 방패만을 들고 트랙을 질주하는 것이었다. 이는 그리스인들의 단합을 촉진하는 역할을 했지만 참가 자격은 노예가 아닌 그리스인 남성으로 제한되었고 여성들은 대회 참가뿐 아니라 참관조차도 금지되었다. 완전 중장보병의 경기가 올림피아 경기에서 행해진 것은 제65회기원전 520부터였다.

그리스인은 폴리스들의 저력을 바탕으로 일찍부터 해상으로 눈을 돌려 지중해 지역에 세력을 확장시켜 해상세력의 선두주자가 되었다. 그들은 주변에 식민 도시를 건설하면서 소아시아 일대에 광범위한 세력권을 개척하여 해양 문명을 건설함으로써 크레타가 주도했던 에게 문명을 계승하였다. 보편적으로 그들을 가리키는 '그리스'라는 명칭은 로마인들이 헬레네스를 '그라이키아Graecia'와 '그라이쿠스Graecus'로 불렀던 데에서 유래했다. 기원전 700년경 활발하게 식민 활동을 벌이던 그리스인들이 로마 남부 시칠리아 등지에 세웠던 식민지를 로마 인들이 '대大그리스마그나 그라이키아'라고 불렀고 이에 따라 유럽에 그리스라는 명칭이 보편화된 것이다. 이곳에 그리스 알파벳이 들어왔는데 이를 에트루리아인들이 받아들여 로마 알파벳으로 변형시켰고, 로마 알파벳은 현재의 알파벳으로 이어지게 된다. 세계사록

스파르타 맘의 육아일기

스파르타 무조건 쎈놈만 ㅋ

나, 스파르타 맘.

드디어 우리 아기가
세상에 태어났다.

스파르타스토리

 튼튼맘 📍스파르타 산부인과에서

세상 그 무엇과도
바꿀 수 없는 울 튼튼이♥
엄마 뱃속에서 나오느라 수고했어
#울애기 #아프지말자

댓글 **3**

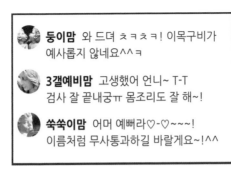

둥이맘 와 드뎌 ㅊㅋㅊㅋ! 이목구비가
예사롭지 않네요^^ㅋ

3갤예비맘 고생했어 언니~ T-T
검사 잘 끝내궁ㅠ 몸조리도 잘 해~!

쑥쑥이맘 어머 예뻐라♡-♡~~~!
이름처럼 무사통과하길 바랄게요~!^^

아 맞다…
우리 튼튼이 검사 받아야지 ㅜ

스파르타에선 애기가 태어나면
꼭 받아야 하는 체력 검사가 있거든ㅠㅠ

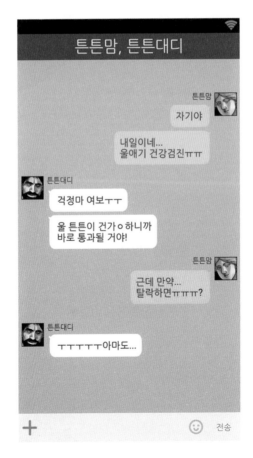

통과하지 못하면…

[사회] 아픔속에 치러진 "신생아 낙오식"

두 번 다신 볼 수 없겠지
ㅠㅠㅠㅠㅠㅠㅠㅠㅠ

II

아고게 (Agoge)

*스파르타 어린이들의 군사 훈련

다행히 울 튼튼이
건강 검진 단번에 통과함ㅠㅠ

우쭈쭈 잘했어 내새끼♥

하지만
스파르타식 교육은
이제 막 시작됐을 뿐이지!

아들, 파이팅!

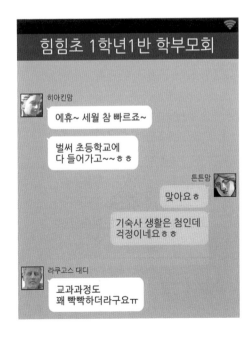

힘힘초교통신문

야호~!

꿈나라^^

급식

몸과 마음이~
건강해져요☆

신나고 즐거운
무술훈련
(아고게)

※급식은 자급자족입니다.

급식이 자급자족이라니...
애기들한테 다람쥐
잡아먹으런건지ㅠㅠㅠ

튼튼맘

이럴줄 알았으면
과외쌤이라도 붙여줄껄ㅜㅜ

히아킨맘

ㄴㄴ
스파르탄이면
저정돈 해내야죠~~

이제 둥지 떠난 아이들이니~
무사히 졸업하길
기도 하자구요~ㅎㅎ

III

진짜 사나이

솔직히 말이 학교지
군대지 뭐__ __;

그래도 이 모든 걸 해내면?
최강 스파르탄 1인 탄생이요~^^

튼튼맘

내새끼~ 졸업 축하해^^

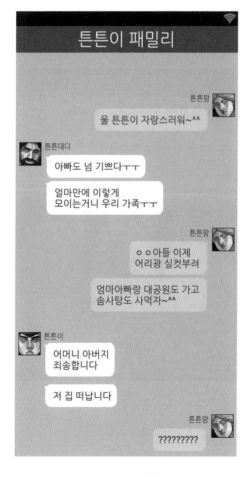

튼튼이 패밀리

튼튼맘

울 튼튼이 자랑스러워~^^

튼튼대디

아빠도 넘 기쁘다ㅜㅜ

얼마만에 이렇게
모이는거니 우리 가족ㅜㅜ

튼튼맘

ㅇㅇ아들 이제
어리광 실컷부려

엄마아빠랑 대공원도 가고
솜사탕도 사먹자~^^

튼튼이

어머니 아버지
죄송합니다

저 집 떠납니다

튼튼맘

?????????

ㅠㅠ하…
지독하다…

아주 요람에서 무덤까지
평~생 군인이네……ㅠㅠ

하지만
이것이 스파르탄!
하우하우!

그랬다고 합니다.

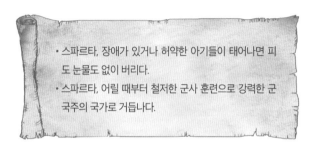

- 스파르타, 장애가 있거나 허약한 아기들이 태어나면 피도 눈물도 없이 버리다.
- 스파르타, 어릴 때부터 철저한 군사 훈련으로 강력한 군국주의 국가로 거듭나다.

고대 그리스 전반

암포라 출처 : Sharon Mollerus, CC BY 2.0, Flickr

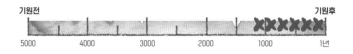

기원전					기원후
5000	4000	3000	2000	1000	1년

스파르타:
정복에 의한 정복을 위한 전사들의 폴리스

스파르타는 그리스 남부 라코니아 지방의 샘들을 돌보던 물의 님프로 강의 신 에우로타스의 딸이었다. 아들이 없던 에우로타스는 제우스의 아들이자 사위인 라케다이몬에게 왕위를 물려주었다. 라케다이몬은 국가 이름을 자신의 이름으로 정한 후 수도를 건설하고 그 도시 이름을 스파르타라 불렀다. 그런데 시간이 지나면서 라케다이몬 대신 스파르타가 국가의 명칭으로 쓰이게 되었다.

튼튼맘

내새끼~ 졸업 축하해^^

　이들은 정복에 의해 건설되고 정복에 의해 영역을 확대시킨 전사들의 폴리스였다. 국가체제도 기원전 8세기 후반 이웃 메세니아 정복을 통해 구축했고 그 과정에서 신분이 형성되었다. 자유 시민인 '스파르티아테스', 납세와 군사적 의무를 지니며 상업과 수공업에 주로 종사한 신분으로 자유롭지만 시민권은 없었던 '페리오이코이주변의 주민들', 그리고 피정복민인 선주민이나 메세니아인 출신으로 철저하게 통제되었던 노예 신분 '헤일로타이'가 그것이다. 완전한 시민권을 가진 스파르타 시민은 전 국민의 5퍼센트에서 10퍼센트밖에 되지 않았다. 그렇기 때문에 끊임없는 피지배자들의 반역 위험 속에서 지배자의 지위와 사회체제를 유지하기 위해 스파르타는 군국주의의 길을 걸어야 했고 시민의 생활도 전시체제와 다름없이 조직될 수밖에 없었다.

스파르타 시민은 태어났을 때 심사를 거쳐 장애아나 허약한 경우 버림을 받고, 건장한 아이에게만 성장의 기회가 주어져 7세에 부모를 떠나 집단 훈련을 받았다. '스파르타 교육'으로 유명한 신체 단련과 군사 훈련이 그들이 받는 주된 교육이었고 식사를 훔치는 것도 훈련의 일부로 권장되었다. 여자들도 엄격한 훈련을 받았는데 이는 훌륭한 전사를 낳기 위함이자 남자의 외정 중 압도적으로 많은 헤일로타이의 반란을 여자만으로도 억제할 수 있는 힘이 필요했기 때문이다. 이것은 아테네와 달리 스파르타 여성의 지위를 높여 주는 요인이 되었다. 전사로서의 훈련이 끝난 20세부터 30세까지는 병영생활을 했다. 이후 가정에 돌아간 뒤에도 시민 전사단에 속하여 집단생활을 하고 저녁마다 집단별 공동식사에 참가했다. 그들이 군복무에서 면제되는 것은 60세 이후에나 가능했으니 그들은 거의 평생을 전사로 살아간 것이다.

스파르타는 기원전 6세기부터 그리스의 대표적 강국으로 등장했고 주로 펠로폰네소스 지역과 중부 그리스 내륙 지역에서 지도력을 행사했다. 그들은 그리스에서 가장 강력한 군대를 가졌기 때문에 페르시아 전쟁 때 아테네와 더불어 연합군을 지휘해 테르모필레 전투기원전 480, 플라타이아 전투기원전 479에서 명성을 떨쳤다. 특히 전설로 남은 그들의 전투는 영화 「300」의 배경이기도 한 테르모필레 전투였다. 기원전 480년 페르시아의 크세르크세스가 그리스에 침입했을 때 스파르타의 용사들은 약간의 지원병과 더불어 테르모필레의 요소를 지키고 있었다. 이곳은 험난하여 소수의 병력으로 능히 대군을 막아낼 수 있었으나 내통하는 자로부터 우회하는 길을 알게 된 페르시아군이 배후에 나타남으로써 스파르타군은 완전히 포위된다. 그럼에도 스파르타군은 끝까지 싸워 레오니다스 왕 이하 전원이 전사하였는데, 그들이 페르시아군의 진군을 3일 동안 지연시킨 덕분에 테미스토클레스는 아테네 시민을 살라미스로 철수시키고 살라미스 해전에서 대승을 거둘 수 있었다. 세계사록

talk 12

나 다시 태어날래애애

- 🥄 브라만
- 🥄 크샤트리아
- 🥄 바이샤
- 🥄 수드라

Ⅰ

프로포즈

나, 인도인 라티ㅎ
요즘 웨딩 시즌이라 그런지
축의금 나갈 일 투성이야.

인도스타그램

바르파샤 @pha_sha ♀ 사랑안에서

♥ 254명이 좋아합니다.

결혼합니다. 가네샤님의 품안에서 행복하게
살게요♥ #우리사랑영원히 #나시집간다

샨드라
와 ㅊㅋㅊㅋ

라티
축하해ㅎㅎ 반지 넘 이쁘다!

나도 결혼하고 싶다ㅜ
내 남친은
언제 프로포즈 하려나?

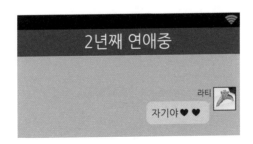

2년째 연애중

라티

자기야♥ ♥

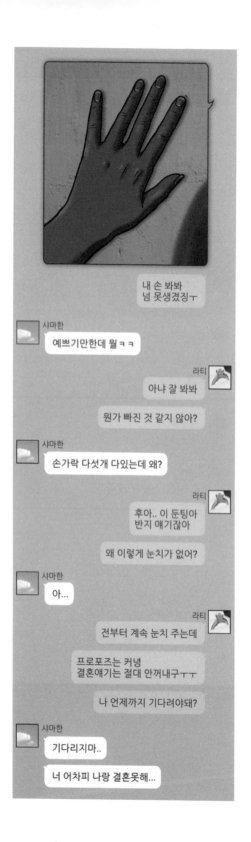

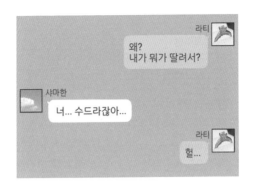

하아… 그래…
나 수드라지…

아무리 노력해도
흙수저인 운명.

다른 계급이랑 결혼은커녕
겸상조차… 불법이야ㅠㅠ

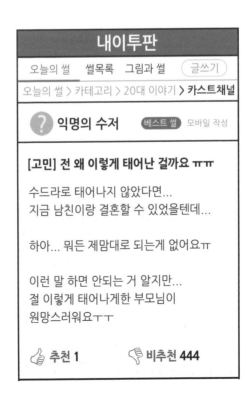

153

브라만
ㄴㄴ 왜 부모탓? 전생에 잘못 많이 한
너 자신을 탓해라ㅋㅋ

 크샤트리아
ㅉㅉ 얼마나 나쁜짓을 많이 했으면;;;;;;

댓글 **바이샤**
이번생은 망했어요ㅎ 속죄하며 살길ㅋ

　ㄴ **수드라**
　전생에 뭐했는지 기억도 안나는데...

댓글 **달리트**
그래두 전 님이 부럽네요ㅜㅜ

　ㄴ **수드라**
　아...

Ⅲ

언더쳐블

아… 띵하다.

그래.
세상엔 나보다도 못한
사람… 아니 존재가 있었지…

하…
세상은 요지경이야ㅠㅠ

#불가촉천민 #접촉금지
#옷깃만스쳐도_팔다리_절단
#NO사람취급 #달리트

그랬다고 합니다.

- 고대 아리아인, 신분 계급을 나누어 원래 살던 원주민을 효율적으로 지배하다. 인도에선 이를 '바르나'라 부르다. 훗날 포르투갈인이 '카스타', 영국인이 '카스트'라 명명하다.
- 전생에 죄를 많이 지을수록 낮은 신분으로 태어난다고 믿다.
- 최하층 계급인 달리트, 불가촉천민이라 하여 카스트에 포함되지도 않다. 항상 허리춤에 빗자루를 차고 다니며 자신의 흔적을 없애다.

고대~근대 인도 전반

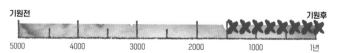

기원전   기원후

5000   4000   3000   2000   1000   1년

기원전
1000년경

인더스 문명의 대이동:
아리아인이 갠지스강 유역까지
문명을 전파하다

인도스타그램

바르파샤 @pha_sha ♥ 사랑안에서

♥ 254명이 좋아합니다.
결혼합니다. 가네샤님의 품안에서 행복하게
살게요♥ #우리사랑영원히 #나시집간다

16세기 말 인도 지역에 진출했던 포르투갈인들은 그들이 본 인도인의 집단적 신분을 포르투갈어 '카스타Casta'로 표현했다. '혈통의 순수성' 등을 의미하는 이 용어는 인도를 지배했던 영국인들에 의해 '카스트 Caste'라는 이름으로 자리 잡게 되었다.

원래 인도에는 가문이나 직업과 결부된 개념인 '쟈디'와 색色을 뜻하는 '바르나'라는 개념만 있었는데, 카스트와 같은 집단적 신분 구분은 기원전 1500년경 인더스강 하류 지역에 침입해 온 아리아인이 피부색이 하얀 자신들과 검은 원주민들을 구별하여 사용한 데서 시작되었다. 이후 평야를 통과하며 동진한 아리아인들이 기원전 1000년경부터 갠지스강 유역에 진출하여 정착한 후 신분의 세분화, 고정화가 한층 더 진행되었다. 이에 따라 사제로 제사와 신전관리, 학문 연구 등을 맡은 최고 지위의 브라만바라문, 왕족과 귀족으로서 정치와 군사를 담당한 크샤트리아, 평민으로 생산에 종사하는 바이샤라는 구분이 분명해졌고, 종교적으로 재생할 수 있다는 이유로 드비자再生族라고도 하는 이 신분들이 피정복민이며 노예였던 수드라를 지배하는 카스트제도가 만들어졌다.

기원전 800년경에는 이러한 카스트제도가 확립되어 계급 간 생활 전반의 교류가 금지되었다. 네 카스트는 존귀한 자와 비천한 자라는 서열을 나타내고 있어

보다 높은 카스트에 속한 사람은 낮은 카스트에 속한 사람의 곁에만 가도 더럽혀진다고 할 정도였기 때문에 낮은 카스트에 속한 사람은 부정시 되었고 카스트 간 통혼 또한 금지되었다. 이 네 카스트 밑의 불가촉천민不可觸賤民, Untouchable, 달리트을 아웃 카스트라고 하는데, 이들은 시체 처리, 길거리 청소, 짐승 가죽 벗기기, 구식 화장실 분뇨 처리 등 당시 비천하게 여기던 일에 종사했다. 사람들은 누구나 카스트 중 하나에 자동적으로 속했고, 직업은 세습되어 대대로 카스트에서 벗어날 수 없는 것이 원칙이 되었다. 아리아인은 타 지역처럼 피정복민을 대량으로 살육하지 않은 대신 나면서부터 정해진 영원불멸하고 변경 불가능한 신분제를 만든 것이다.

이와 같은 카스트제도를 만든 아리아인들은 인도-유럽어족에 속한 민족으로 철기를 사용하면서 갠지스강 유역에 이전 인더스 문명을 대신하는 도시 문명을 건설했다. 인더스강보다 더 비옥한 대신 홍수가 빈번하고 습지가 형성되어 이전 기술 수준으로는 개발이 어려웠던 갠지스강 유역은 관개 기술과 농사 기술을 획기적으로 개선한 이들에 의해 개발되었다.

아리아인들은 자연신을 숭배하는 사상으로부터 브라만교를 탄생시켰고 이를 찬미한 종교 문학인 베다 문학을 발달시켰다. 브라만교의 신은 원래 아리아인들이 인도로 이주해오기 전부터 섬겨온 신이었으나 현지 상황에 따라 더 구체화되면서 선주민인 드라비다족까지 섬기게 되었다. 만물을 창조한 브라만, 전쟁과 비의 신 인드라, 불의 신 아그니, 물의 신 바루나 등의 신뿐만 아니라 모든 자연에 깃들인 신을 섬기면서 그 수는 점차 늘어났다. 브라만교의 경전인 『리그베다』는 오랜 세월 동안 구전되어오던 30여 신들에 대한 찬가를 모아놓은 것으로 제사 때 제사장이 암송하는 시편 1028수가 들어 있다. 인도인들은 이러한 『리그베다』를 암송했고 수행자들은 경전의 가르침에 따라 고행을 하기도 했다.

기원전 700년경 브라만교에 변화의 바람이 불었다. 브라만 계급의 권력 강화에 반발한 크샤트리아와 바이샤 계급을 중심으로 우파니샤드 철학이 대두된 것이다. 이들은 브라만교가 형식적인 제사에만 치우치고 있다고 비판하면서 절대신 브라만보다 개인의 영혼 구원에 초점을 맞추었다. 여전히 중심 주제는 브라만이지만 '아트만ﷺ我'이라는 개념을 바탕으로 범아일여梵我一如, 즉 '우주는 브라만이고 브라만은 곧 아트만'이라는 사상을 통해 개인의 깨달음을 강조한 것은 브라만교와 비교했을 때 획기적인 변화였다. 이 새로운 종교 운동은 철제 농기구 발달에 힘입은 농업, 상업의 발달로 바이샤들의 입지가 강화된 당시 역사적 상황을 반영하고 있는데, 이런 철학적 움직임은 이후 인도에서 불교가 탄생하는 배경이 된다. 세계사록

〈인도 고대 문명의 성립〉

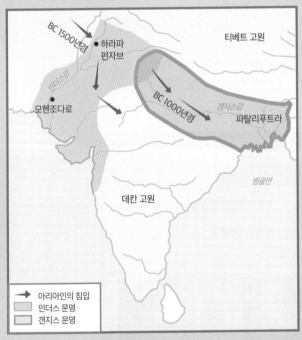

아리아인의 침입
인더스 문명
갠지스 문명

talk 13

천자님! 조공받고 가실게요

 천자　　　대륙의아이돌ㅋ

 제후　　　나는 너의 ATM

하나요 조공

ㅋㅋㅋㅋㅋㅋ
강녕 백성들?
혹시 조공이라고 들어봤는지?

천자 갤러리

제목　★★천자님 조공 끝판왕 클라스ㄷㄷ★★

글쓴이　천자갤조공총대

천자님 예민한 피부에 닿을 1000수 비단ㅎ

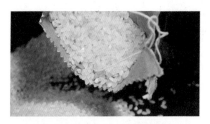

천자님 드실 1000번 씻어나온 쌀ㅋㅋ

천자님 용돈하시라고 금괴 1000돈~^^

천자님의 무거운 어깨를 토닥여줄 안마기^^

천자님께 이번 시즌 한정판 골드 자수 신발과
명품 시계도 같이 드렸습니다^^

근데 이거 알아?
역사상 최초로 조공받은 사람
나야 나~ㅋㅋㅋㅋㅋㅋ

ㅋㅋㅋ짐이 바로
#대륙의스타 ㅋㅋㅋㅋㅋㅋ

아, 근데 나도 넙죽
받아먹기만 하는 건 아냐!

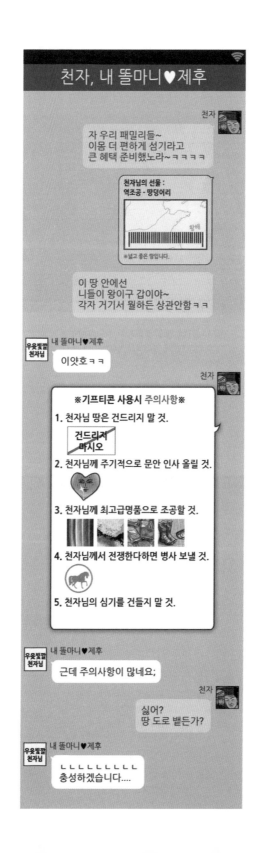

근데 요것 봐라???
제후 이놈들 하는 짓이 수상하네?

> ▶ 주투뷰

[주나라TV] 제후 생일잔치, "꼭 황제같네"

[주나라TV] 제후 생일잔치, "꼭 황제같네"
제후, 아랫사람들 모아놓고 잔치해
경·대부들, 제후에게 조공 바치고 충성 맹세

얼씨구 조공까지 받아먹어?
건방지게 감히 내 흉내를 내????

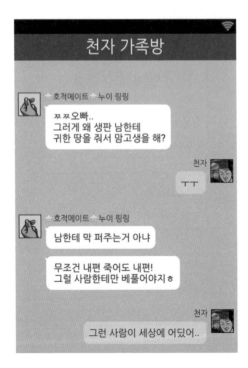

천자 가족방

호적메이트 누이 링링
쯔쯔 오빠..
그러게 왜 생판 남한테
귀한 땅을 줘서 맘고생을 해?

천자
ㅜㅜ

호적메이트 누이 링링
남한테 막 퍼주는거 아냐

무조건 내편 죽어도 내편!
그럴 사람한테만 베풀어야지ㅎ

천자
그런 사람이 세상에 어딨어..

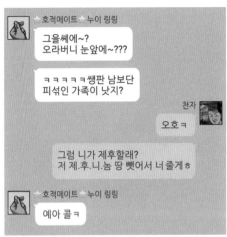

그랬다고 합니다.

- 무왕은 자신의 친족들과 개국공신들에게 영토를 나눠
  주고 제후국을 다스리도록 했다.
- 제후는 경·대부에게 토지를 나눠주고, 경·대부는 제후에
  게 의무를 다했다.
- 경·대부들 역시 제후들의 혈족을 중심으로 임명되었다.

고대 주나라 전반

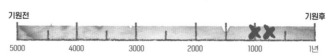

기원전 5000 4000 3000 2000 1000 1년 기원후

주나라:
그들만의 이상적 모델을 만들어내다

기원전 1100년경 세워진 주周는 상나라의 뒤를 이어 그 통치력을 황허강 유역에서 양쯔강까지 넓힌 나라이다. 주 왕실의 성姓은 희姬, 시조는 후직后稷으로 고공단보古公亶父 : 문왕의 조부로 주나라의 기초를 닦은 인물 시대 시안 근처 주원이란 평원에 정착하여 농경생활을 했고 이로부터 주라는 명칭이 유래되었다고 한다. 이후 문왕 재위 동안 호경서안, 시안을 수도로 삼으면서 중원 진출의 기반을 닦았다. 그리고 그 아들 무왕 대에 상의 마지막 주왕의 폭정을 빌미로 여러 제후들을 규합하여 상을 멸망시켰다.

주나라의 통치체제는 무왕 대부터 실시되어 그 동생인 주공 대에 기틀이 다져졌다고 본다. 주공은 조카인 성왕을 도와 나라의 기틀을 다지고도 왕위에 오르라는 권유를 거부해 중국 역사에서 칭송을 받는 인물이다. 그 시기 주는 상 잔존 세력의 반란을 평정한 3년여의 동방원정 후 중국 북동부 전역을 차지했으나 강력한 국가체제가 정비되지 않아 이를 직접 다스리기 어려웠다. 그래서 왕실 직할지 외 교통 요충지 등을 왕족이나 공신, 또는 일부 상의 세력에게 나누어 주고 제후로 봉했다. 그리고 그들에게 지역과 주민을 통치하게 하는 대신 왕실 제사에 참여하고 공납, 군역과 토목 사업 지원 등 의무를 지도록 했으며 이것이 주나라의 가장 큰 특징인 봉건제도이다.

이를 사상적으로 뒷받침하기 위해 주 왕실은 "주를 개국한 것은 하늘의 명命" 이라는 천명사상과 종법 및 예법을 확립했다. 주 왕실은 봉건체제를 유지하기 위해 혈연으로 유대를 공고히 했는데 제후들과 주왕이 혈연관계로 이루어져 있으니 그들 사이에 위계질서를 세울 필요가 있었다. 그래서 주 왕실을 종가宗家로 다른 제후들은 방계인 분가分家로 두어 종가의 권위를 인정하는 법인 종법을 통해 위계질서를 완성했다. 그러한 위계질서를 예의를 통해 표현한 것이 예법이며, 이 모든 사상들은 주 왕실이 제후국에 대해 왕조의 정통성을 확립하면서 제후에 대한 지배력을 강화할 수 있게 했다.

주의 봉건제도는 혈연관계가 소원해지고 분가에 대한 종가의 권위가 흔들리면 무너질 수밖에 없었다. 결국 주나라는 그러한 한계에 봉착하면서 춘추전국시대를 맞게 된다. 그럼에도 봉건제도가 국가의 이상적인 정치체제 개념으로 여겨진 것은 후에 진시황제가 법가적 군현제를 시행할 때 이에 대한 반대 개념으로 봉건제도가 부각되면서부터이다. 법가적 군현제도를 진나라의 단명 요인으로 본 유가 사상가들은 봉건제도를 이상적으로 정당화시켰고 이에 따라 봉건제도는 실제보다 더욱 미화되었다.

주나라에서는 토지제도로 정전제井田制를 제정, 실시했다고 한다. 이는 전국의 농지를 같은 크기의 정井자 모양으로 구획한 뒤 주위 8개 구역을 8개 가구가 경작하는 방식이다. 가운데 구역은 공동 경작지로서 그 생산물은 모두 국가에 납부해야 하는데 이 내용에 따르면 정전제는 같이 일하고 같이 나누어 갖는 평등한 토지제도일 수 있다. 하지만 정전제는 후대에 쓰인 『맹자孟子』에 기술된 토지제도로 실제 시행 여부는 확실하지 않다. 그럼에도 농민에게 토지를 분배하고 지배층의 대토지 소유를 제한한다는 면에서 공유균분 사상을 만족시키는 제도로 중국과 동아시아 토지 개혁의 이상적인 모델이 되었다.

주나라 시대의 수공업 생산은 상나라보다 그 종류가 다양하고 분업화되었는데 대부분 관에 소속된 수공업자에 의해 청동기, 토기, 피혁 제품 등이 생산되었다. 상인들도 수공업자와 마찬가지로 귀족이나 국가에 예속되었고 화폐로 조가비貝, 일정 중량의 동銅, 옥기 등을 사용했다. 또 이 시기에 기와가 발명되어 왕과 귀족의 궁실에 사용함으로써 건축 역사상 큰 획을 긋기도 했다.

주나라는 중기기원전 841경에 호경에서 일어난 귀족 반란 이후 국왕 없이 제후의 공동 통치가 실시되었던 시기를 계기로 내외의 모순이 격화되면서 급격하게 쇠퇴한다. 봉건제도의 한계가 드러나면서 지방의 제후가 주 왕실에 조공하지 않았고 민족 간의 분쟁 또한 격화되었다. 여기에 더해진 주의 결정적 멸망의 계기는 유왕의 실정이었다. 그는 미녀 포사를 총애하고 왕비와 태자 의구를 폐했는데, 이에 왕비 아버지 신후가 북방 이민족인 견융을 끌어들여 호경을 공격기원전 771하고 유왕을 살해했다. 주의 제후들은 의구를 평왕으로 옹립했으나 그 또한 견융의 공격을 평정하지 못하고 파괴된 수도 호경에서 동쪽인 낙읍낙양, 뤄양으로 천도했다. 이 사건을 주의 동천東遷:이 시기 이전을 '서주 시대'라 칭하기도 한다이라 부르며 이후의 동주 시대는 무너진 봉건제도 위에 패자가 되기 위한 100여 개의 정치 결사체들이 등장하여 경쟁하는 시기로 '춘추전국 시대'라고도 불리는 때이다.

서주 멸망 당시 제후들이 돕지 않은 것도 유왕의 포사 총애 때문이라고 한다. 포사는 생전 웃음이 없던 여자였는데 왕이 거짓 봉화를 올렸을 때 이에 속은 제후들이 군사를 동원했다가 어리둥절해하자 비로소 웃었다. 이후 유왕은 포사의 웃음을 보기 위해 거짓 봉화를 자주 올렸고 이에 번번이 속은 제후들이 정작 견융 침입시에는 군사를 동원하지 않은 것이다. 중국 역사에서 하나라의 말희와 상의 달기, 그리고 주의 포사 등 국운의 쇠락에 유독 미인들이 등장하는 것은 중국 역사가들의 군주들과 후손들에 대한 경고가 아닐까. 세계사록

기원전
1200년경~

아메리카 대륙의 문명:
정복에 의해 지워진 문명의 시작을 찾아

아메리카는 그 이름부터 철저하게 유럽의 관점에서 만들어진 대륙이다. 1492년 10월 12일 콜럼버스가 서인도 제도에 도착한 이래 그곳이 인도가 아닌 '새로운' 대륙임을 확인한 아메리고 베스푸치1451~1512의 이름을 따 명명되었기 때문이다. 원래는 남아메리카만을 지칭했는데 지리학자 메르카토르1512~1594가 『세계전도』1538에서 남북아메리카를 모두 아메리카로 부르면서 둘 다를 가리키게 되었다. 아메리카는 지리적으로 파나마 지협을 경계로 남아메리카, 중앙메소아메리카, 북아메리카로 나뉜다. 문화적으로는 미국과 멕시코의 국경인 리오그란데 강을 기준으로 영국의 영향을 받은 앵글로 아메리카와 포르투갈이나 에스파냐의 영향을 받은 라틴 아메리카로 나뉜다. 이와 같이 아메리카가 세계사에 등장하는 것은 근대 유럽의 확장과 관련되면서부터였기 때문에 그 역사 또한 유럽의 침략적인 시선을 통해서 대부분 보게 된다. 그러나 유럽인들 상륙 이전에 아메리카 대륙에는 이미 상당한 수준의 문명들이 있었다.

아메리카 대륙에는 마지막 빙하기 말기 해수면이 낮아져 베링 해협이 육지로 변한 기원전 약 2만 5000년경부터 아시아에서 건너간 인류가 살기 시작했다고 한다. 알류산 열도를 이용해 아메리카 대륙으로 이동한 몽골 계통의 북부 아시아인들은 로키 산맥의 동쪽을 따라 계속 남진하여 기원전 1만 5000년쯤 중앙아메리카, 1만 2000년쯤 남아메리카에 이르렀다. 뒤에 얼음이 녹으면서 해수면이 높아져 아메리카 대륙은 유라시아와 단절되었는데 지리적으로 분리되었음에도 이후 농경의 시작, 문자의 발명, 도시와 도로, 제국의 건설 등 인류 문명의 발전 모습은 놀랍게도 거의 같다. 그렇기에 근대 유럽인들이 침략하고 정복하기 전까지 아메리카 문명 또한 뛰어난 수학적·천문학적 기술, 높은 수준의 예술, 그리고 놀라운 건축물들을 만들어냈고, 어떤 면에서는 당시 유럽보다 더 발전해 있었다.

중앙아메리카와 중부 안데스에 살던 주민들은 기원전 7000년경부터 농경을 시작한 것으로 보이는데 기원전 3600년경 옥수수를 재배했던 흔적이 발견되었다. 기원전 약 1150년경부터 이곳에서는 올메카 문명이 발달하기 시작한다. 기원후 2세기경까지 발달한 이 멕시코 문명은 마야 문명, 아스텍 문명으로 대표되는 중앙아메리카의 모태 문명이다. 홍수가 많아 경작이 힘든 편인 이 지역 사람들은 주로 무역에 종사했다고 알려져 있으며 대표적인 유물로 높이 2미터가 넘는 거대 두상 조각과 재규어 조각상들을 남겼다.

중앙아메리카에서 올메카 문명이 번성하고 있을 때 남아메리카 페루에서는 차빈 문명이 발달하고 있었다. 기원전 990년경부터 시작되었을 것으로 추측되는 이 문명은 기원후 200년 정도까지 이어지며 잉카 문명의 기원으로 간주된다. 뛰어난 도자기 제작 기술을 가지고 있었고 정교한 금속 공예품과 재규어 조각상, 독수리와 뱀 장식들을 남겼다. 특히 이 문명에서는 어린 아이 두상을 끈이나 가죽을 이용해 옆으로 길게 늘인 흔적 등, 사람의 두개골을 변형시킨 흔적을 볼 수 있다.

북아메리카에 살던 사람들은 500종이 넘는 문화의 자취를 남겼는데 미국의 '마운트 빌더'라 명명된 둔덕들이 대표적이다. 1000년 이상 쌓인 다양한 형태와 크기의 흙 둔덕에 호프웰이나 미시시피강 유역의 사람들은 장신구와 도구, 그릇들을 매장하기도 했다. 처음에는 유럽인이 인도인으로 착각하여 '인디오' 또는 '인디언'이라는 이름으로 불렀던 선주민들은 현재 캐나다에서는 '퍼스트 네이션즈 First Nations', 미국에서는 '네이티브 아메리칸Native American'이라고 불린다. 그들은 대륙의 지리적 환경에 맞춰 각자 적응해가면서 다양한 문화를 발전시켜 유럽 이주민들로 인해 가지게 될 비운의 역사 이전의 다채로운 삶을 이루어갔다. 세계사록

3부

혼돈 속에서 피어난
사상과 종교

기원전 600 전후 》 기원전 300 전후

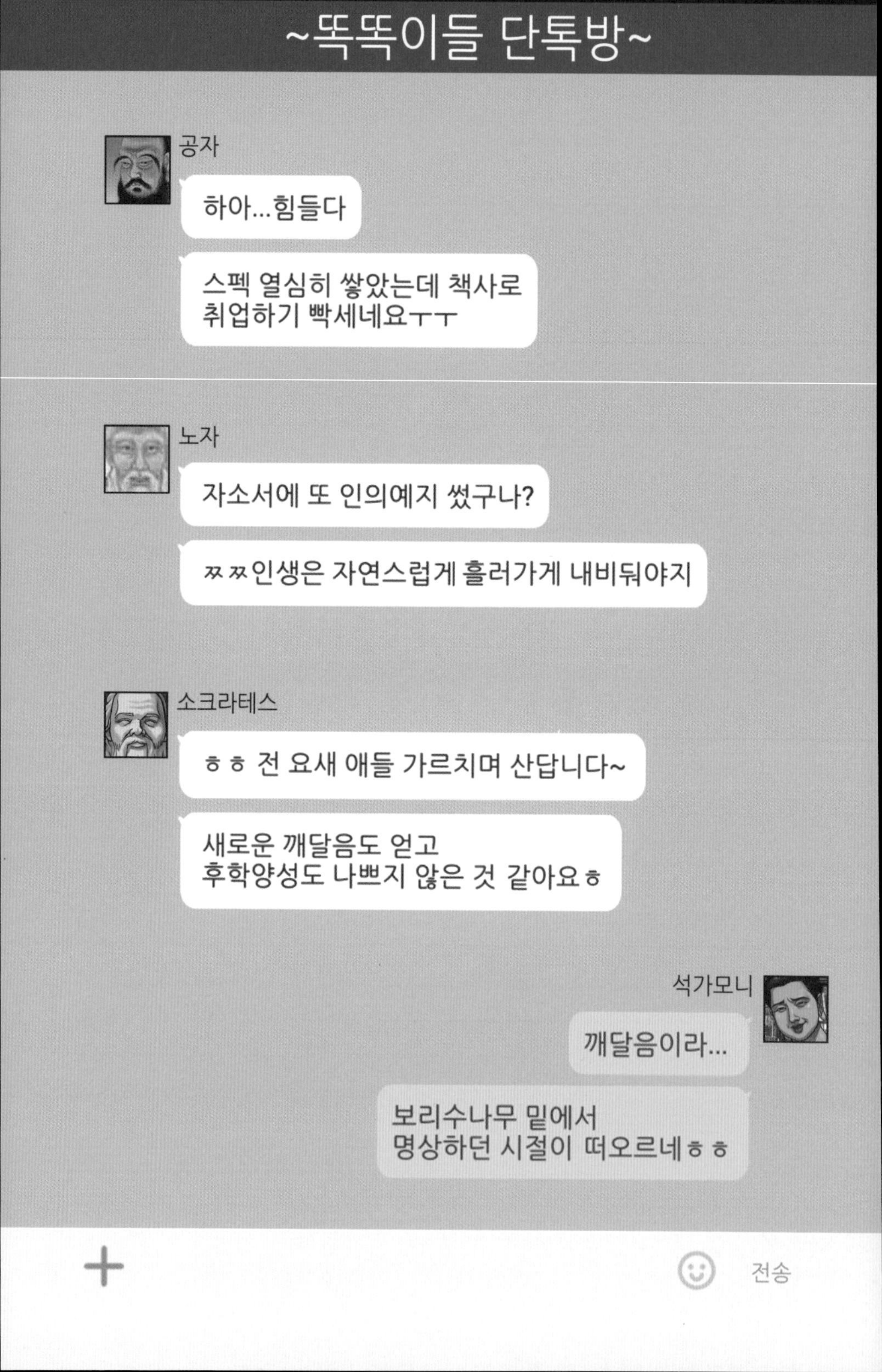
~똑똑이들 단톡방~
공자
하아…힘들다
스펙 열심히 쌓았는데 책사로
취업하기 빡세네요ㅜㅜ
노자
자소서에 또 인의예지 썼구나?
ㅉㅉ인생은 자연스럽게 흘러가게 내비둬야지
소크라테스
ㅎㅎ 전 요새 애들 가르치며 산답니다~
새로운 깨달음도 얻고
후학양성도 나쁘지 않은 것 같아요ㅎ
석가모니
깨달음이라…
보리수나무 밑에서
명상하던 시절이 떠오르네ㅎㅎ
전송

시민이 뭐라고

 아테네평민 되고싶다ㅠ시민

 아테네귀족 꿈깨라——

I

시민의 자격

난…
아테네 평민 1인.

요새 자꾸
귀족 나리 타임라인을
훔쳐보고 있다.

부러워서……ㅠㅠ

귀족 펠레오스 @Peleos_high

❤️ 46,204명이 좋아합니다

투표 완료ㅋ 여러분들도 투표하세요ㅎㅎ
#투표인증 #귀족만의_권리

 평민_에우리디온
ㅠㅠ평민은 발언권도 없나요?

 귀족_펠레오스
@평민_에우리디온 ㅇㅇ년 올리브유나
짜고 포도쨈이나 만들어~~^^ㅋㅋ

쒸익……
드럽고 치사해서ㅠㅠ

나 에우리디온.
꼭 성공하고 만다!!!

귀족_펠레오스

올ㅋㅋㅋ야

꼴에 돈좀 벌었나봄?

평민_에우리디온

넴ㅋ

외국에 올.리.브.유.랑
포.도.쨈.팔아서요ㅇㅅㅇ

귀족_펠레오스

ㅋ꽁하긴

마! 나라를 돈으로 지키냐?
피와 칼로 지키는거얌마

갑옷이랑 무기도 없는게
시민은 무슨 시민ㅋ

평민_에우리디온

? 안그래도 배송중ㅇㅅㅇㅋ

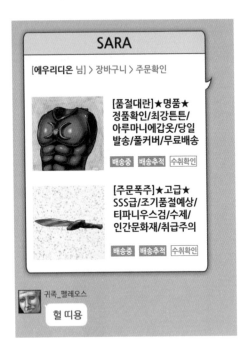

근데 진짜 ㅋㅋㅋ
옛날이랑은 분위기 많이 달라졌어.

봐봐.
오늘자 뉴스!

아…… 그래?
저런 건 별로야?

그럼 이 사람은 어때??

에휴ㅠㅠㅠ
그리스에 믿을 정치인 하나 없네.

그래!
투표권은 내 손으로 얻자!

전쟁 나가서 피 흘려서!
귀족들 코 납작하게 해버려!

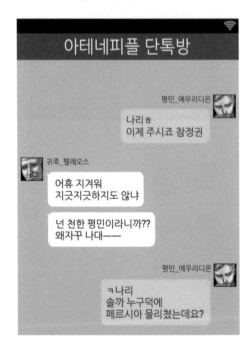

솔직히 살라미스 해전때
제가 열심히 노저어서 이겼지
귀족나리들 뭐한거 있나요ㅋㅋ?

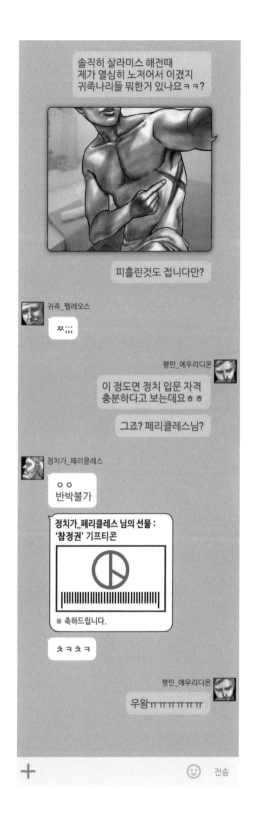

피흘린것도 접니다만?

귀족_펠레오스

쯔;;;

평민_에우리디온

이 정도면 정치 입문 자격
충분하다고 보는데요ㅎㅎ

그죠? 페리클레스님?

정치가_페리클레스

ㅇㅇ
반박불가

정치가_페리클레스 님의 선물 :
'참정권' 기프티콘

‖‖‖‖‖‖‖‖‖‖‖‖‖‖‖

※ 축하드립니다.

ㅊㅋㅊㅋ

평민_에우리디온

우왕ㅠㅠㅠㅠㅠㅠ

＋   😊 전송

그랬다고 합니다.

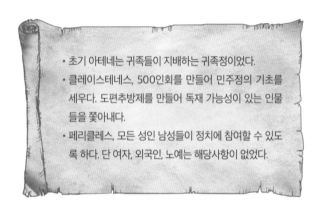

- 초기 아테네는 귀족들이 지배하는 귀족정이었다.
- 클레이스테네스, 500인회를 만들어 민주정의 기초를 세우다. 도편추방제를 만들어 독재 가능성이 있는 인물들을 쫓아내다.
- 페리클레스, 모든 성인 남성들이 정치에 참여할 수 있도록 하다. 단 여자, 외국인, 노예는 해당사항이 없었다.

BC 510년경~BC 338년 고대 아테네

기원전   기원후

700   500   300   100   100   300년

아테네 민주정치의 발달:
민주정치란 무엇인가?

SARA

[에우리디온 님] > 장바구니 > 주문확인

[품절대란] ★명품★
정품확인/최강튼튼/
아루마니에갑옷/당일
발송/풀커버/무료배송

배송중 배송추적 수취확인

[주문폭주]★고급★
SSS급/조기품절예상/
티파니우스검/수제/
인간문화재/취급주의

배송중 배송추적 수취확인

기원전 8세기경 역사 속에 다시 모습을 드러내기 시작한 그리스가 주변의 다른 군주국들과 가장 달랐던 것은 정치제도였고, 그 확립 과정이 동방 군주국과 벌인 전쟁에서의 승리와 맞물려 있기 때문에 이는 군주정보다 우월한 제도로 여겨졌다. 그 시대에 만들어져 현재까지도 이어지는 역사적 정치적 유산을 민주정치라고 부른다.

원래 왕이나 귀족에 의해 행해졌던 그리스의 정치가 평민들에게도 문이 열렸던 것은 사회경제적, 전술적 변화로 인한 평민 세력의 성장 때문이다. 기원전 8세기 중엽부터 약 200년에 걸쳐 일어난 그리스의 해외 진출은 교역과 상공업 발달을 가져왔다. 화폐가 활발히 사용되었고 농업이 발달하면서 시장을 위한 대규모의 포도와 올리브 재배가 이루어졌다. 이는 농민, 상인과 선박 소유자, 직물과 도자기 수공업자 등의 부와 힘을 증가시켰을 뿐만 아니라 선원과 하역 인부 등의 중요성도 증가시켰다. 그와 함께 귀족 기사들 대신 자신들의 비용으로 마련한 청동 헬멧과 흉갑, 정강이받이를 입고 원형 방패와 창, 단검을 지닌 평민들로 구성된 중장보병 밀집대가 전투의 중심이 되었다. 그러면서 귀족만이 폴리스를 지키던 시대가 지나고 도시와 농촌의 중산층 이상 유산 시민이 국방의 주력이 되는 때가 도래했다. 이렇게 세력을 얻은 도시 평민들은 귀족이 정치권력을 독점하고 있는 것에 불만을 품고 그들만의 정치에 도전장을 냈다.

기원전 594년 집정관으로 선출된 솔론기원전 638경~기원전 558경 시대부터 민주정치의 확립 과정이 시작되었다고 본다. '조정자'로 불렸던 그는 사회경제적 개혁과 함께 시민을 재산 소유에 따라 네 계층으로 구분하고 참정권과 군사 의무를 다르게 규정한 금권정치를 실시했다. 그러나 이러한 조치는 귀족과 평민 어느 쪽도 만족시키지 못하면서 양자 사이의 대립과 분쟁을 불러일으켰다. 이후 메가라와 싸워 살라미스를 획득한 전쟁아테네 최초의 대외 전쟁이자 최하층까지 다 참여했던 최초의 전쟁의 지도자였던 페이시스트라토스기원전 600경~기원전 527가 빈민층의 지원을 포함한 평민층의 지지를 바탕으로 참주가 되었다기원전 561. 참주정치는 귀족 지배가 동요되고 평민과 귀족의 대립이 격화된 혼란 가운데 비합법적으로 정치를 장악한 참주가 독재적으로 정치를 행한 것이다.

약 반세기에 걸친 참주정치가 종결된 후 클레이스테네스기원전 570경~기원전 508경 때 본격적으로 민주정치의 기초가 닦였다. 아르콘최고행정관이 된 그는 참주가 나타나는 것을 막기 위해 도편추방제陶片追放制, ostrakismos를 실시했다. 이는 해마다 한 번씩 독재의 가능성이 높은 인물 이름을 도자기 파편에 써 투표해 6000표 이상 얻은 사람을 국외로 10년간 추방하는 제도였다. 또한 민회에 제출할 법안 마련 및 최고 행정통제권을 지닌 500인 협의회의 의원들을 신분 차별 없이 지역별 인구비례로 선출하게 했다. 이는 기존의 혈연적·지연적 유대나 경제적 관계에 입각한 부족 구역이 아닌 10개의 지역 구역데모스을 통한 선출로 아테네 전 시민에게 평등한 참정권을 부여한 것이었다. 민주주의Democracy란 민중demos이 주인이 되는 정치제도를 가리키지만 '데모스'라는 말은 이러한 지역 구역을 뜻하기도 한다. 아울러 이름에서도 가문을 나타내는 부분을 없애는 대신 각자가 속한 데모스를 포함시키도록 하면서 정치 판도에 민주적 변화의 바람을 불러일으켰다.

아테네 민주정치는 페르시아 전쟁 이후 페리클레스기원전 495경~기원전 429 시대에 그 정점을 지난다. 살라미스 해전의 승리로 수병이 속해 있던 사회 최하층의 세력은 강화되었고, 평민의 경제적 지위나 발언권도 더욱 증대하면서 민주정치는 한층 발전했다. 페리클레스는 시민권을 가진 성년 남자 전원이 참석하여 발언할 수 있는 민회의 권한을 대폭 강화시켰으며 군사와 재정을 제외한 전 행정부문의 책임자를 추첨에 의해 선출했다기원전 443. 아울러 권력을 500인 협의회, 민회, 재판소 등으로 분산시켜 아테네 정치 구조를 민주주의가 도달할 수 있는 극단으로까지 끌어올렸다. 국고에 의한 수당제의 확대와 철저한 추첨제, 원하는 시민은 누구나 맡을 수 있었던 1년 임기제의 공직, 철저한 다수결의 원칙에 의해 운영되는 민회로 시민 누구나가 직접 국정에 참여할 수 있는 직접민주정치가 실시되었다.

그러나 아테네 민주정치의 꽃이라 여겨지는 민회는 20세 이상의 아테네 남자 시민들에게만 허용된 공간이었다. 즉, 외국인이나 노예, 여성들에게는 열려 있지 않은 또 다른 그들만의 정치였다. 더불어 아테네 민주정치의 황금기를 구가했던 페리클레스는 30년 가까이 아테네를 지배했고, 그런 페리클레스 사후 아테네 민주정치는 급속도로 무너져 내렸다. 세계사록

지못미 소크라테스

🏛️	아테네	한놈만걸려라
😠	소크라테스	ㅠㅠ
🗿	소피스트	ㅉㅉ

I

그리움

나? 소피스트.
직업은? 강사.

▶ 소피스터디

뇌에 쏙쏙, 주입식 교육 1인자 [소피스트] 선생님의 인생 강의 01

소피스트─ 인간 =만물의 척도

요~거~가~ 진립니다잉~~
밑줄 쫙! 반박불가! 무조건 암기!!!!

요새 조회수
떨어져서 고민이야.
내 수입 원래 꽤 짭짤했는데ㅜ

헐 근데 얜 뭐니??

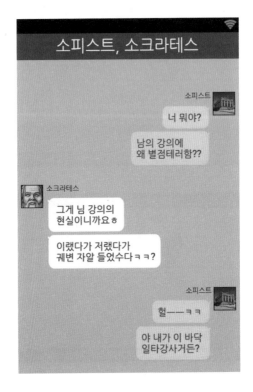

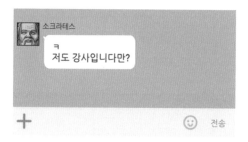

소크라테슨지
말크라테슨지
개나소나 다 강사래-_-

찌질이들 모아놓고
뭘 하긴 하더라ㅎ?

답을 알려주는 게 아니라
스스로 찾게 해준다나 뭐라나 _3_

III

법은 법

하ㅋ 챠ㅋ
차… 착각하지 마~
강의가 다 공짜니까 인기지.

근데 나만
소크라테스를
싫어하는 게 아니더라?

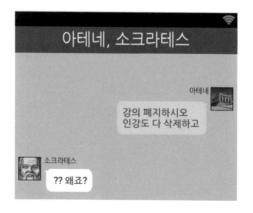

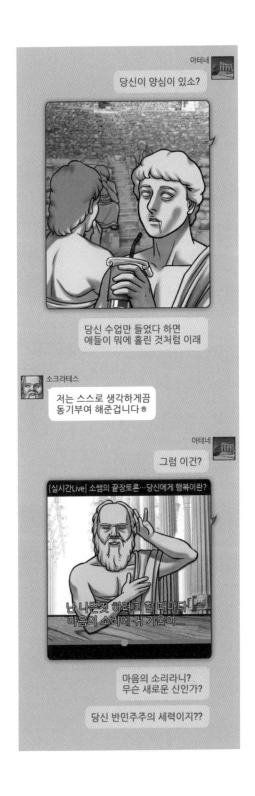

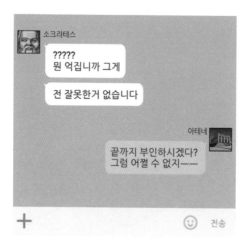

ㅋㅋㅋㅋㅋㅋㅋㅋㅋㅋㅋㅋㅋㅋㅋㅋㅋ
ㅋㅋㅋㅋㅋㅋㅋㅋㅋㅋㅋㅋㅋㅋㅋ

굿바이~
소크라테스ㅋㅋ

그랬다고 합니다.

- 소크라테스는 스스로 답을 찾을 수 있도록 끊임없는 토론 방식을 통해 제자들을 가르쳤는데, 이를 일컬어 '산파술'이라고도 부른다.
- 소크라테스는 청년들을 현혹하고 신성모독을 했다는 이유로 사형당했다.

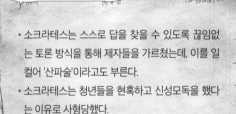

BC 5세기경 고대 그리스

기원전   기원후
700   500   300   100   100   300년

너에게 닿기를 feat. 마라톤

	페르시아	세계정복ㅋ
	아테네	헐랭;;;
	마라톤	달려라♪♬

 Ⅰ

선전포고

며칠째 같은 녀석으로부터
이상한 문자가 오고 있다-_-

~[◎격초⊂H]~
*페르ㅅi◎r*로부터 [※항복※]
제안을 받았습니다.

지금 ◆똘□늬◆가 되십시오!
http://persia_zzangzzang.co.pr 클릭

피싱문자인 줄 알고 읽씹했는데

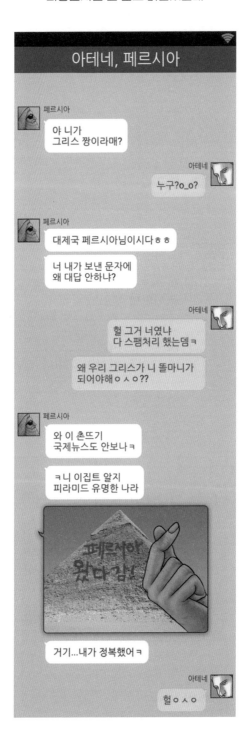

같이 싸우자

 페르시아

이 촌뜨기들이
주제파악 못하네ㅋㅋㅋ

야 딱 기다려라 ——
너 그리스 밟으러간다

…하지만

[속보] 썽질난 페르시아 군대, 전멸

폭풍 만나 배 뒤집어져…
그리스 본토는 밟아보지도 못해…

댓글(14632개) | 인기순 | 최신순

athen*** (아테네기봉이)
몸개그 오지네ㅋㅋㅋㅋㅋㅋ

ㅋㅋㅋㅋㅋㅋㅋㅋ
ㅋㅋㅋ캬하하ㅋ꼴좋다ㅋ

…라고 생각했는데.

아쒸 못된 것들 -_-
이래서 팀플 조장은 하는 게
아닌데ㅠㅠ

그래도 내가 누구냐.
전쟁은 숫자로 하는 게 아니라고ㅋ

페르시아

ㅡㅡ...

아테네

ㅋㅋㅋㅋㅋㅋㅋㅋㅋㅋㅋㅋ
ㅋㅋㅋㅋㅋㅋㅋㅋㅋㅋㅋ
ㅋㅋㅋㅋㅋㅋㅋㅋㅋㅋㅋ

[속보] 아테네, 페르시아와 싸워…대승!

겨우 1만 병사로, 20만 페르시아 물리쳐!
마라톤 평원에서 유인… 둘러싸서 공격!

댓글(1551개) | 인기순 | 최신순

millkeya*** (밀키아데스)
캬~ 개사이다ㅋ 아테나 특산물로 탄산수ㄱㄱ

peidess****** (페이디피데스)
멍청한 페르시아넘들ㅎㅎ 귀엽네요^-^ㅋ

알겠니?
덩치큰 애송아?

이렇게 바로 전.술.이란다ㅋㅋ

페르시아

오오호오라아~~
저언수우울~~~ㅋㅋ?

ㅇㅋ나 지금 배타고
아테네 니 집 치러간다ㅋ

거기 군사 한명도 없지?
다 여기 와있으니깐ㅋ

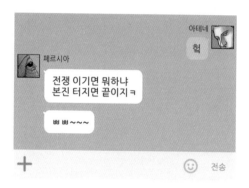

아테네 병사들,
미친 듯이 조국으로 달려가다.

#헉헉헉헉

다행히 페르시아군보다
일찍 도착하다.

조국을 구하려고
숨차게 달린 거리, 약 40킬로미터.

이것이 올림픽의 꽃
#마라톤 경기의 기원이다.

그랬다고 합니다.

- 페르시아 전쟁은 동, 서양 간에 벌어진 최초의 전투이다.
- 마라톤 전투로 인한 페르시아군의 인명 손실은 6400명인 반면, 아테네군은 고작 192명이었다.
- 스파르타는 뒤늦게 2000명의 군사를 보냈으나, 전투는 이미 끝난 후였다.
- 마라톤 경기는 아테네의 승리를 알리기 위해 긴 거리를 달려 승전보를 전하고 쓰러져 죽었다고 알려진 페이디피데스의 죽음을 기리기 위해 생겼다.
- 마라톤 경기의 거리는 페이디피데스가 달린 거리를 본 떠 1924년, 42.195킬로미터로 정해졌다.

BC 490년 페르시아

기원전　　　　　　　　　　　　　　　　　기원후

700　　　500　　　300　　　100　　　200　　　300년

아케메네스 페르시아:
서아시아를 통일한 대제국

아케메네스를 시조로 하는 페르시아 제국 시대는 현재 이란의 찬란했던 과거이다. 그들은 고대 아시리아의 뒤를 이어 서아시아를 통일해 전성기 당시 3개 대륙에 걸친 대제국을 건설하였다. 키루스 2세 시대 주변국들을 점령하며 아케메네스 왕조의 초석이 마련되었기에 그가 즉위한 기원전 559년을 아케메네스 왕조의 시작이라고 본다.

아케메네스 왕조의 전성기는 다리우스 1세기원전 550~기원전 486와 그의 뒤를 이은 크세르크세스 1세기원전 519경~기원전 465의 통치 시기였다. 다리우스 1세는 바빌로니아 등 속주 전역에서 일어난 반란을 제압함으로써 서아시아 통일을 이루었다. 동서로는 인더스강 유역에서 사하라 사막까지, 북으로는 에게해와 카스피해에 접하고 남으로는 홍해, 페르시아만, 인도양에 접하여 이집트에서 파키스탄에 이르는 거대 제국을 건설했다.

다리우스 1세는 이처럼 확장된 영토를 다스리기 위해 전국을 20여 개의 주사트라비아로 나누고 여기에 총독사트라프을 두어 통치하는 한편, '왕의 눈', '왕의 귀'인 밀사를 파견, 총독을 감시하는 통치체제를 구축하였다. 그는 전국 사트라비아를 연결하여 왕의 칙령을 전달하고 군사와 교역 목적에 유용한 도로인 '왕의 길'을 건설했는데, 그 길이가 수도인 수사에서 리디아의 사르데스까지 2700여 킬로미터에 달하였다. 또한 수에즈만과 나일강을 연결하는 200여 킬로미터의 운하를 준공함으로써 육로와 해로를 모두 건설하는 위용을 과시했다.

또한 다리우스 1세는 도량형과 화폐를 표준화하며 조세제도를 수립하는 사회 체제 정비에도 힘을 쏟았을 뿐 아니라 피정복민의 문화를 존중하고 수용하는 등 각지의 문화를 통합하는 정책을 펼쳤다. 기원전 520년경 건설된 페르세폴리스 궁전은 그러한 문화 통합을 보여주는 대표적인 유적이다. 바빌로니아의 지구라트를 연상시키는 계단식으로 뻗어 올라간 성벽, 아시리아 식으로 세워 놓은 궁성 정문의 날개 달린 황소 상, 이집트 궁전에서 본뜬 석조 기둥 등이 보여주듯이 페르시아는 고대 이집트와 메소포타미아 문명, 바빌로니아와 아시리아에 이르기까지 문명의 강줄기를 하나로 모았다. 원래 페르시아인은 인종이나 언어로 보았을 때 서아시아 본토박이가 아닌 중앙아시아 아리아인의 후예인데, 스스로 아리아인의 후예임을 자랑스럽게 여기면서도 외래 문명을 배척하지 않고 수용, 보존했던 것이다.

페르시아의 위대성은 이 같은 외래 문명의 통합에만 있지 않고 그것을 기반으로 그들만의 문명을 이룩한 데에도 있다. 그 대표적인 예가 빛의 신 아후라마즈다를 유일신으로 섬기는 조로아스터 자라투스트라교의 출현이다. 조로아스터교는

〈전성기의 페르시아 영토〉

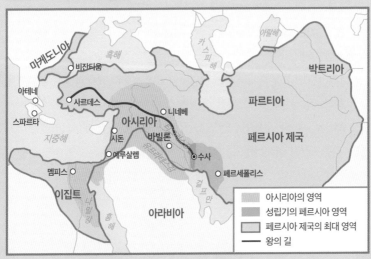

이 세상에 참과 거짓, 즉 선과 악 두 가지가 있는데 어느 쪽을 선택하는가는 전적으로 인간 자신에게 달려 있다고 한다. 이는 인간에게 자유의지를 줌으로써 인간을 스스로 생각하고 판단할 권리를 가진·이성적 존재로 본 것이다. 이런 점에서 그때까지 어떤 종교보다 수준 높은 의식을 가진 것으로 평가되었고 그래서 조로아스터교는 이후 세계 각지로 전파된 보편적 종교들에게 큰 영향을 미쳤다.

페르시아는 다리우스 1세 때부터 당시 지중해에서 크게 성장하던 그리스와 충돌했다기원전 490경. 크세르크세스 1세는 대규모 원정을 통해 그리스 북부를 함락시키기도 했으나 살라미스 해전의 대패를 안고 돌아온 뒤 수사, 페르세폴리스, 엑바타나 등지에서 안일함 속에 빠졌다. 후궁들 간의 음모로 크세르크세스가 암살당한 이후 페르시아는 쇠퇴의 길로 접어들게 되었고 마케도니아의 알렉산드로스에게 멸망했다기원전 330. 페르시아의 마지막 군주 다리우스 3세는 싸움에 패하고 도주하다 신하인 베소스에게 살해당했다. 알렉산드로스는 페르시아의 수사에서 전쟁의 승리를 선언하면서 그리스와 서아시아가 하나임을 선포했고, 이는 페르시아 제국의 역사가 헬레니즘 시대 속으로 사라져가는 순간이 되었다. 알렉산드로스는 다리우스 3세의 공주인 스타티라를 아내로 맞이하면서 자신의 80명의 고위부관들도 페르시아 여인들과 집단 결혼식을 올리게 했다. 이후 알렉산드로스가 급작스럽게 사망하자 제국은 이집트와 마케도니아 등으로 분열된다. 그리고 그 중 셀레우코스 왕국기원전 312이 헬레니즘의 영향을 받은 페르시아의 역사를 이어나가며 그 안에서 박트리아, 파르티아가 탄생한다.

페르시아는 그리스 측에서 쓰던 명칭이다. 그리스인이 그들과 처음 접촉했을 때 그들이 사는 지역이 페르시스란 고원였기 때문인데 여기에는 '변방의 미개인들'이라는 의미가 함축되어 있다. 실제로 페르시아인들은 페르시아로 불리기보다 '자랑스러운 아리아인의 나라'라는 뜻에서 아리안 또는 이란이라고 불리기를 원했으며 결국 그들은 20세기에 페르시아 대신 이란이라는 국호를 선택한다. 세계사록

아테네! 너 정말 이러기야?

아테네 　　최강맹주ㅋ

스파르타 　아오 팍씨——

I

피 같은 돈

나는 스파르타인.
하우… 하… 우우우….

아… 피곤해ㅠㅠㅋ

하지만 쉴 순 없다.
오늘… 입금날이니까….

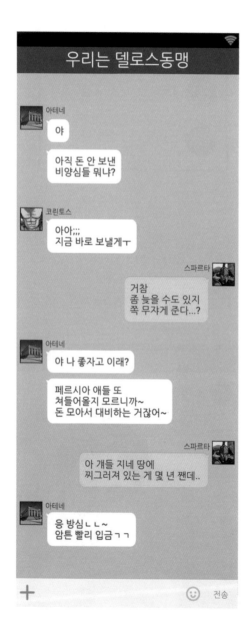

아테네 머니

하… 그래 인정.

페르시아랑 전쟁할 때
아테네가 대표로 열심히 한 거 인정.

아무리 그래도 그렇지…!

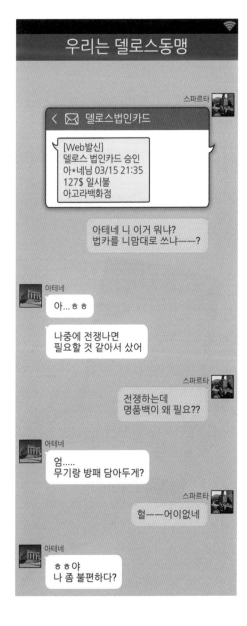

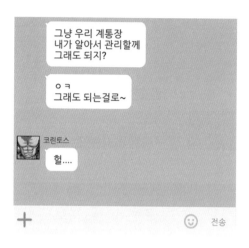

결국 아테네 빼고
새로 단체방을 팠다.

굳굳ㅋㅋㅋㅋ

헌데 어느 날
사건이 터졌으니…

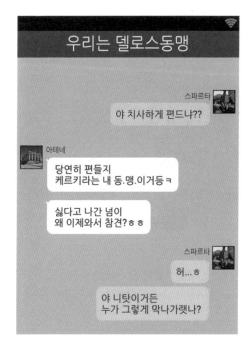

솔직히 겁나더라.
하지만ㅋㅋㅋㅋㅋㅋㅋ

그랬다고 합니다.

- 펠로폰네소스 동맹은 원래 기원전 500년경에 있었으나, 델로스 동맹에 맞서 스파르타 중심으로 재정비한 것이다.
- 전쟁 발발 후, 아테네에 페스트가 퍼져 많은 이들이 목숨을 잃다.
- 기원전 404년, 아테네는 스파르타에 항복, 델로스 동맹이 해체되다.

BC 431년 ~ BC 404년

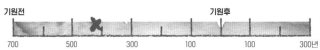

기원전				기원후		
700	500	300	100	100	300년	

페르시아 전쟁과 펠로폰네소스 전쟁:
그리스의 발전과 쇠퇴를 낳다

기원전
490년
~기원전
404년

그리스의 수많은 폴리스 중 아테네와 스파르타는 여러 면에서 대조적인 국가이다. 이오니아인이 세우고 상업이 발달한 해군 중심의 민주정 아테네, 도리아인이 세우고 농업이 발달한 그리스 최대 육군을 가진 과두정 스파르타. 그들 관계는 그리스의 역사에서 많은 부침을 거듭했는데 그들의 단합은 그리스의 발전을, 그들의 대립은 그리스의 쇠퇴를 가져왔다.

페르시아 전쟁. 그리스 페르시아 전쟁으로 불리는 것이 더 정확할 이 전쟁은 서아시아를 통일한 아케메네스 페르시아 왕조가 그리스의 식민시들을 지배하면서 본토까지 침략기원전 490하며 발발하였다. 아테네에 적대적인 폴리스들은 이를 기회로 이용하려고 했고 지원을 약속한 스파르타는 군대 파견을 미루면서 아테네 홀로 강적을 막아야 했다. 아테네 1만 중장보병은 마라톤 광야가 내려다보이는 산기슭에 포진해 가로로 몇 겹의 밀집대형을 짜고 다리우스 1세가 파견한 페르시아 원정군을 압박했다. 아테네 중장보병의 애국심과 전술이 페르시아군을 압도하면서 승리를 일구었는데, 그리스 용사 페이디피데스는 마라톤 전장에서 아테네까지 약 40킬로미터를 달려 승전 소식과 아테네 공격 계획을 알린 뒤 절명했다. 이것이 그 유명한 마라톤 전투이며 올림픽의 꽃이라 불리는 마라톤 경기의 기원이다.

10년 뒤 페르시아가 다시 침공했을 때 그동안 대비하고 있었던 폴리스들은 함께 대항했다. 기원전 480년 크세르크세스 1세는 다르다넬스 해협에 선교船橋, 아토스 곶에 운하를 건설한 뒤 해륙 양면에서 그리스를 공격했는데 스파르타군은 테르모필레 협로에서 항전하다 전원 전사했다. 200척의 함대를 건조해 대비하고 있던 아테네의 테미스토클레스는 이 덕분에 아테네를 비우고 잠복할 수 있는 시간을 벌 수 있었다. 텅 빈 아테네를 불태운 뒤 아테네와 살라미스 섬 사이의 좁은 바다로 나선 페르시아 함대는 잠복해 있던 아테네 함대의 습격에 궤멸당했으니 이 전투가 세계 3대 해전 중의 하나인 살라미스 해전이다. 이 패배로 크세르크세스 1세는 전의를 잃고 귀국하게 된다.

다음 해 남겨져 있던 페르시아군이 아테네와 스파르타를 이간시키고 아테네시를 완전히 파괴하였으나, 스파르타를 중심으로 한 10만여 명의 그리스 연합군은 플라타이아 전투에서 페르시아군을 격파함으로써 테르모필레 전투에서의 패배를 복수할 수 있었다. 거기에 아테네 중심의 그리스 해군이 페르시아를 격파하며 페르시아 전쟁에서 결국 그리스가 승리를 거두었다.

이로써 페르시아 전쟁은 막을 내렸지만 페르시아는 여전히 동방의 강대한 군주국으로 건재했고 침략 위험은 가시지 않았기에 계속적인 대비가 필요했다. 이에 아테네를 맹주로 한 해상 동맹인 델로스 동맹이 탄생하게 된다기원전 477. 동맹 시들이 제공하는 자금을 관리하는 금고가 델로스 섬에 있었기 때문에 이름

〈페르시아 전쟁〉

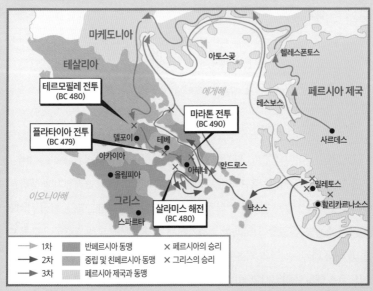

붙여진 이 동맹의 중심 폴리스로 관리를 위임받은 아테네는 점차 그 세력을 강화하여 제국으로 변모하였다. 이후 공동금고까지 옮겨 온 아테네는 동맹 시의 공납금과 해상 무역에서의 패권을 통해 엄청난 발전을 이루었고, 이를 배경으로 민주정치의 황금기인 페리클레스 시대를 맞았다.

아테네가 세력을 확장해감에 따라 폴리스 간 대립이 심해졌고 이에 따라 본토 내륙 중심국가인 스파르타와 아테네가 부딪히는 것은 필연적인 결과였다. 케르키라와 코린토스의 싸움에 아테네가 케르키라의 편을 들어 양쪽 관계가 험악해지면서 펠로폰네소스 전쟁이 시작되었다기원전 431. 28년간 지속된 이 전쟁은 스파르타가 우세한 육군으로 총공세를 펼치고 아테네는 막강한 해군으로 이에 대항하며 진행되었다. 초기에는 자금과 물산이 풍부했던 아테네가 우세한 듯 보였으나 아테네에 페스트가 돌았다. 전쟁에서의 승리를 장담했던 페리클레스마저 페스트로 병사한 후 급격하게 몰락한 민주정치의 혼란 속에서 아테네는 무너졌고 펠로폰네소스 전쟁은 결국 스파르타의 승리로 끝났다기원전 404. 우세하던 해군조차 궤멸당한 아테네는 총사령관 알키비아데스가 스파르타로 망명하자 전의를 상실하고 항복했다. 성벽을 허물고 함대를 인도하는 등 치욕스런 대가를 치른 후 아테네는 그리스에서 지도적 지위를 상실했고 이후로 아테네에 등장한 민주정치는 페리클레스 시대의 그것이 아닌 소크라테스를 처형으로 이끌게 되는 정치였다.

스파르타는 펠로폰네소스 전쟁에서 페르시아의 도움을 얻어 승리하여 단독 패권 국가로 부상했지만 아테네보다 더 억압적인 정책을 펼침으로써 폴리스들의 저항에 직면하게 된다. 기원전 4세기 동안 아테네, 코린토스, 테베와 계속되는 전쟁으로 국력은 쇠퇴했고 레욱트라 전투기원전 371의 패배와 메세니아 독립 이후에 스파르타는 돌이킬 수 없는 쇠락의 길을 걸었다. 이와 같은 폴리스들의 쇠퇴는 폴리스의 한계를 뛰어넘기를 원하는 시대적 요구 때문이었다. 그러했기에 플라톤, 아리스토텔레스 같은 철학자의 탁월한 사상들에도 불구하고 그리스 현실 정치의 혼란은 수습될 수 없었다. 이러한 분위기에서 군사 개혁을 통해 강력한 군대를 만들어 대국 마케도니아의 기초를 다짐으로써 새로운 시대의 막을 연 인물이 알렉산드로스 대왕의 아버지인 필리포스 2세기원전 382~기원전 336이다. 세계사록

talk 18

직진남 알렉산드로스

알렉산드로스　　ㄱㄱㄱ

직진남

나, 알렉산드로스.
알렉산더라고도 불러ㅋ

사람들이 나더러 직진남이래.
밀당 없이 연애하냐고?

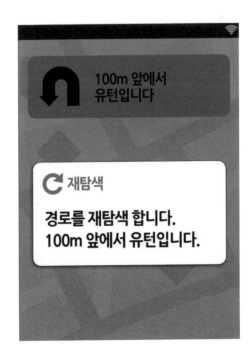

ㄴㄴ난 진짜
앞만 보고 가는 놈이거든ㅋ

ㅋㅋㅋㅋㅋㅋㅋ
알르릉 알르릉 비켜나세요~

알렉산더 나가신다
알르르르릉ㅋㅋㅋㅋㅋ

다 정ㅋ복ㅋ해버려!!!

알렉산드뉴스

알렉산드로스, 페르시아 정복…

페르시아 왕 다리우스, 도망치다 사망…
이집트, 박트리아, 인도 서부까지 정복해…

댓글(253개) | 인기순 | 최신순

 사빌로나
헐 이거 실화? 마케도니아같은 쬐깐한 나라한테
페르시아가 졌다고???

 그리스 에오니소스
알렉 개쩐다 와 ㄷㄷㄷ

 이집트 핫셉투트
청소기야 뭐야… 보는 나라들 족족 다 먹어버리네

 페르시아 자스민
ㅠㅠ우리나라 사람들 다 죽일라나

흠~ 근데 반응 왜 이래?
내가 무서운가???

알고 보면 나도 괜찮은 놈인데ㅎㅎ
친목 한번 다져볼까나~

혹시 외국남도 괜찮소?
이런애 어때?

아님 스윗남?
골라골라ㅋㅋㅋㅋㅋ

얘 내 부하인데
진짜 성격좋아!!

 자스민

?????

엄.....
저는 스윗남요..?

크 나 천재~~~♥
역시 폭력보단 사랑이 최고지!

남들만 맺어주면 섭하잖아?
나도 국제결혼 해야지ㅋㅋ♥

함께할 가족도 생겼겠다!
나 알렉산더,
더 큰 꿈을 꿔보리라!

알렉산드로스

내일 동쪽으로 행진한다
군사들 다 짐 싸라고해ㅋㅋㅋ

하르팔루스

폐하
이제 직진 그만하면 안 될까요??

알렉산드로스

엥 왜
저 앞에 뭐가 있나 궁금하지 않아??

하르팔루스

더 없어요
여기가 세상의 끝이에요

병사들도 아프구
가면 갈수록
더위 장난아니에요ㅜ

알렉산드로스

아 싫어

좀만 더 가보자

하르팔루스

집에 가고 싶어요ㅠㅠㅠ

그랬다고 합니다.

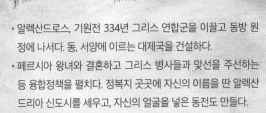

- 알렉산드로스, 기원전 334년 그리스 연합군을 이끌고 동방 원정에 나서다. 동, 서양에 이르는 대제국을 건설하다.
- 페르시아 왕녀와 결혼하고 그리스 병사들과 맞선을 주선하는 등 융합정책을 펼치다. 정복지 곳곳에 자신의 이름을 딴 알렉산드리아 신도시를 세우고, 자신의 얼굴을 넣은 동전도 만들다.
- 인도 너머 동쪽 땅으로 더 가고 싶었으나 오랜 전쟁과 더위, 열병에 지친 병사들이 이제 그만 돌아가자고 간청하다. 알렉산드로스, 돌아와 아라비아 원정을 계획하다 바빌론에서 사망하다.

BC 334년~BC 323년 알렉산드로스 제국

기원전   기원후

700   500   300   100   100   300년

알렉산드로스 제국:
동서 융합을 꿈꾼 자의 위대한 발자취

기원전 371년 테베와 스파르타 간의 레욱트라 전투. 그것은 스파르타에게 큰 타격을 안겨주었지만 테베에 볼모로 있으면서 전쟁에 참여했던 한 인물이 새로운 전쟁 기술을 창안해 그리스 역사에 큰 획을 긋게 한 전쟁이었다. 그는 군주가 된 후 보병을 '사리샤'라는 긴 창으로 무장시켰는데 이는 다른 그리스 기병을 상대하는 데 매우 효과적이었다. 아테네인들이 바르바로이야만족로 여기던 북부 지방 마케도니아의 군주로 등극기원전 359하여 뛰어난 정치력과 전쟁 기술로 강력한 국가를 만든 그가 바로 필리포스 2세이다. 당시 아테네나 스파르타 등 폴리스들은 이미 쇠퇴하여 그리스를 이끌 지도력을 상실한 상태였기 때문에 마케도니아의 그리스 점령을 막을 수 있는 것은 없었다.

필리포스는 한쪽 눈도 잃고 다리도 절게 되었을 정도로 전쟁에 모든 것을 바치며 주요 그리스 폴리스들을 점령한 후 숙원이었던 페르시아의 원정을 앞두고 기원전 336년에 암살되었다. 그해 알렉산드로스가 아버지의 뒤를 이어 마케도니아의 군주가 되었다. 20세에 즉위한 그는 탄생부터 성장, 그리고 33세의 나이로 사망할 때까지의 과정 모두 신성시된 인물 중 하나이다. 그의 어머니 올림피아스는 벼락이 배에 떨어지는 꿈을 꾸고 알렉산드로스를 임신했다. 그를 인도까지 태웠던 명마 부케팔라스는 그 아버지조차 길들이지 못했던 말이었는데, 10세였던 그가 길들이는 데 성공하자 아버지로부터 마케도니아가 너무 작으니 야망에 맞는 왕국을 만들라며 선물로 받은 것이다. 알렉산드로스는 말을 '황소머리'라는 뜻인 부케팔라스라고 이름 붙였고, 말이 죽을 때 도시의 이름을 '부케팔라스'라고 지어 그 죽음을 기렸다. 알렉산드로스는 16세가 될 때까지 위대한 철학자 아리스토텔레스에게 가르침을 받았다. 스승 아리스토텔레스를 존경한 그는 그리스 문화를 숭상하고 학문을 보호하면서 정복한 곳마다 그리스 문화를 전파하기에 힘썼다.

기원전 334년 그는 서아시아의 제국 아케메네스 페르시아를 침공하면서 10년에 걸친 원정을 시작했다. 마케도니아군과 그리스 연맹군을 이끌고 나선 그의 원정으로 시리아, 이집트, 바빌로니아 등 페르시아 영토는 차례로 무너졌고 가우가멜라 전투를 끝으로 페르시아는 멸망했다. 이로써 알렉산드로스는 아프리카, 유럽, 아시아 3대륙에 걸친 대제국을 건설하며 그리스와 서아시아를 아우르게 되었다.

알렉산드로스가 페르시아 원정 도중 들른 고르디움에는 낡은 전차에 아무도 매듭을 풀지 못한 밧줄이 매어져 있었고 매듭을 푸는 자가 아시아의 왕이 되리라는 신탁이 내려져 있었다. 알렉산드로스가 밧줄을 살핀 후 칼로 끊어버리고 "이제 짐이 아시아의 왕"이라고 외쳤다는 것은 유명한 일화이다. 그러나 그가 밧

〈알렉산드로스의 대원정〉

줄을 끊어 매듭을 풀었기 때문일까. 알렉산드로스는 '세계의 끝'까지 정복하겠다는 열망으로 인도를 침공했으나 병사들의 반발로 회군기원전 326하였다. 그리고 제국의 수도로 삼기 위한 바빌론 개발이 한창이던 기원전 323년, 알렉산드로스는 계획했던 아라비아 반도 원정을 시작하지 못한 채 33세의 나이로 급서했다. 그가 후계자를 정하지 않고 사망했기 때문에 그가 죽자마자 일련의 내전으로 제국은 조각났고, 알렉산드로스의 부하들이 '디아도코이'라는 알렉산드로스의 후계자로 자칭하면서 할거하였다.

이후 마케도니아, 시리아, 이집트 등으로 분할된 알렉산드로스 제국은 마치 역사 속에서 잠깐 나타났다 사라진 꿈 같은 제국으로 보인다. 그러나 이들은 문화적으로는 오히려 헬레니즘이라는 이름 아래 통일이 유지되었는데, 알렉산드로스가 추진했던 것처럼 그리스와 서아시아의 동서 문화 융합과 코스모폴리타니즘세계시민주의에 입각한 문화를 발진시켰다. 마케도니아의 '바실레우스군왕', 코린토스 동맹의 '헤게몬패자', 페르시아의 '샤한샤왕중왕', 이집트의 '파라오'를 겸임하고 스스로를 '퀴리오스 티스 아시아스아시아의 군주'라고 칭했던 알렉산드로스 대왕. 그가 건설했던 알렉산드로스 제국은 헬레니즘 제국으로 그 이름을 대신하면서 정치적 지배자로서보다 새로운 문화의 건설자로서 세계 역사에 진정한 발자취를 남기게 된다. 세계사록

로마 건국과 공화정의 성립:
이탈리아 통일의 길을 내다

"모든 고대사는 이를테면 많은 개울이 호수로 흘러가듯이 로마의 역사로 흘러 들어가고, 모든 근대사는 다시 로마로부터 흘러나왔다."

근대 독일의 유명한 역사학자 랑케1795~1886는 로마의 역사적 역할을 이와 같이 표현했다. 기원전 753년경 이탈리아 중부 테베레강 하구의 작은 도시로 시작된 로마는 전 지중해 세계를 정복 통합하여 거대한 제국을 건설했다. 로마는 지중해를 중심으로 발전했던 그리스 고전 문화를 완성시켰고 크리스트교 성장의 기반이 되었으며, 이를 새로 등장할 게르만족에게 전달함으로써 오늘날 유럽 문화를 가능하게 했다.

　로마인의 전승에 의하면 그들의 건국 시조는 트로이 함락 때 이탈리아로 건너간 트로이 왕자 에네아스이며 그 후손인 로물루스와 레무스에 의해 로마시가 건설되었다고 한다. 건설 당시 그 북부에는 광업과 상업이 주업인 에트루리아가, 남부 해안에는 그리스 식민시들이 자리 잡고 있었지만 로마는 이내 그들을 위협하는 세력으로 성장했다. 그 성장 원동력은 앞으로 로마를 이끌 '공화정'이라는 정치체제의 힘이었다.

　로마는 7대 동안 왕이 통치했고 기원전 6세기경부터는 에트루리아 왕이 지배했다. 기원전 509년경 에트루리아 왕을 추방하고 행정을 맡은 집정관과 의결기관인 원로원 등을 귀족이 독점한 로마의 첫 공화정인 귀족공화정이 시작된다.

이후 귀족공화정은 평민들도 참여하는 공화정으로 변모했다. 아테네의 경우와 마찬가지로 상공업의 발달과 정복 전쟁의 참여로 평민 세력이 성장함에 따라 정치에 참여하고자 하는 평민들의 신분 투쟁이 벌어졌던 것이다. 이는 로마가 이탈리아 반도에 세력을 확장하고 통일하는 과정과 궤를 같이하며 일어나는데, 그 과정에서 중장보병 전술이 변화되고 보병을 담당한 자영농의 지위가 상승함에 따라 평민들의 권위 신장 요구가 반영되었다.

기원전 494년 평민들이 로마 북동쪽에 위치한 몬스 사케르성산聖山에 모여 파업과 새로운 도시 건설을 선언한 '성산사건'을 계기로 호민관 제도가 정착되고 평민회가 설치기원전 472되었다. 이후 끝없는 전쟁에 밤낮 없이 동원된 평민들은 로마의 영토 확장에 기여했으나 생활은 더욱 어려워졌고 노예로 전락되기 일쑤였다. 새 영지가 귀족에게만 분배되는 것에 불만을 가진 평민들은 전쟁을 위한 징병에 불응, 집단적인 농성을 펼쳤고 그 결과 '12표법'이 제정기원전 451되어 평민권을 보장받았다. 이는 그동안 불문율로 귀족들에게만 자의적으로 해석되었던 법률을 성문화함에 따라 소송법, 가족법, 공법, 종교법 등을 일반 평민도 볼 수 있게 되었다는 큰 의미를 가진다. 그러나 거래관계 규정이 불충분하고 가혹한 채무 규정이나 귀족과 평민 사이의 통혼 금지규정이 남아 있어 평민과 귀족들의 갈등은 계속되었다. 기원전 445년 원로원에서 귀족과 평민의 통혼을 인정한 카눌레이아법을 승인한 후에야 평민들이 귀족과 결혼하여 귀족에게만 열려 있던 공직에 진출할 수 있게 된다.

기원전 390년경 그들이 갈리아인이라고 부르는 유럽 유목민족인 켈트인 대부대가 로마시를 점령하고 도시 전체를 초토화시켰다. 로마인은 카피톨리누스 언덕에서 농성을 하며 버텼지만 언덕이 비좁아 시민의 상당수는 시가지에 방치된 채 살육당했다. 농성 7개월째 켈트인은 금괴 300킬로그램을 지급받는 조건으로 철군했으나, 엄청난 인명과 재산의 손실로 로마는 거의 회생 불능 상태에 빠졌다. 건국 이래 처음 이민족의 점령을 허용한 로마인들은 그 치욕을 두고두고 잊지 않았으며 이 과정에서 국론 통일의 중요성을 깨달았다.

기원전 367년 호민관 리키니우스와 섹스티우스가 평민들의 요구를 수용하고 이를 법률로 반포하면서 평민의 권익은 더욱 신장되었다. 이 법에 따라 극빈 평민의 이자를 탕감해주고, 부유층 귀족의 공유지 점유를 제한하며, 콘술을 비롯한 모든 공직을 평민에게 개방하는 조치를 취하면서 집정관 중 1인을 평민에서 선출하게 되었다. 이후 귀족과 평민이 모두 참여하는 민회에서 통과된 법안뿐만 아니라 평민만이 참여하는 평민 집회에서 통과된 법안도 정식 법안으로 인정하는 법률인 호르텐시우스법을 제정한다. 이를 끝으로 로마에서는 평민이 귀족과 법률상으로 평등해졌다.

결국 이러한 공화정의 완성기원전 287과 로마의 이탈리아 통일이 그 과정을 같이하며 완수기원전 272되니, 국가 위기를 극복하는 데 기여한 자들의 권익 신장이 국가 발전 전반에 얼마나 큰 영향을 미치는지, 그리고 그들과 이익을 함께 나누는 것이 국가의 장기적 발전이라는 면에서 얼마나 중요한 일인지 보여주는 역사적 장면이라고 할 수 있겠다. 세계사록

부처핸접

	고타마 싯다르타	
	석가모니	
	부처	

I

샤카족 프린스

나, 고타마 싯다르타
인도에 사는 왕자님.

하······ㅋ
다들 날 금수저라고 하는데,
나 금수저 아니거든?

집자랑 갤러리

제목   [인증有] 20대 중반, 내집 장만함ㅋㅋ

글쓴이   샤카족프린스♡싯다르타

사실 우리 아빠가 사줌ㅋㅋㅋㅋㅋㅋㅋㅋㅋㅋ

덧글(534)   **추천(237) / 비추천 (739)**

존뉀시름   그럼 그렇지... 난 뭘 기대한걸까...

전국노예자랑   나랑 내 자식의 자식까지 팔면 형 집
                     기둥 하나는 살 수 있음ㅋㅋㅋ큐ㅠㅠ

어금니금이빨   ㄹㅇ 다이아몬드 수저네;;

ㅇㅇ 난 상위 0.1%
다이아몬드 수저야ㅎㅎㅎㅎ

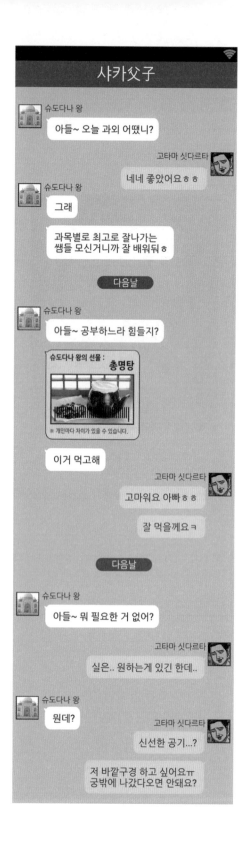

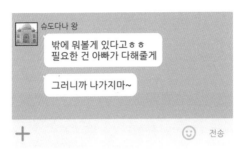

슈도다나 왕

밖에 뭐볼게 있다고ㅎㅎ
필요한 건 아빠가 다해줄게

그러니까 나가지마~

전송

II

궁 탈출

우리 아빠…
나 잘되라고 마음 쓰시는 건 알겠는데.
솔까… 부담돼…

나도 가끔은
코에 바람 좀 넣고 싶은데…

그래서 몰~래 나갈 거당ㅋㅋㅋ

싯다르타그램

싯다르타 @siddhrtha   📍궁궐밖에서

♥ 694명이 좋아합니다.

드디어 바깥구경이다ㅎㅎ
#아빠몰래 #궁탈출 #성공

그런데

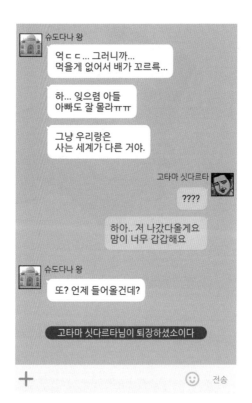

늦바람 났냐고?

아니…
너무 허무하잖아!

사람들이 왜
고통받는지조차 모르는데
지금까지의 공부가
다 무슨 소용이람?

나 집에 안 갈 거야.
진짜 깨달음을 얻을 때까지!

그로부터 6년 후.

"고타마 싯다르타,
스스로 '붓다(부처)'라 부르다."

"그가 바로 불교의 창시자,
석가모니다."

그랬다고 합니다.

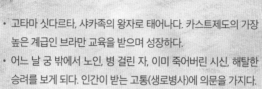

- 고타마 싯다르타, 샤카족의 왕자로 태어나다. 카스트제도의 가장 높은 계급인 브라만 교육을 받으며 성장하다.
- 어느 날 궁 밖에서 노인, 병 걸린 자, 이미 죽어버린 시신, 해탈한 승려를 보게 되다. 인간이 받는 고통(생로병사)에 의문을 가지다.
- 고통으로부터 벗어나기 위해 모든 부와 권력, 가족을 버리고 집을 나오다. 29세의 나이로 출가하다.
- 6년 동안의 고행 끝에 보리수나무 밑에서 깨달음을 얻다.
- 석가모니는 '샤카(석가)족의 성자(무니)'란 뜻이다.

BC 6세기~ BC 5세기경 추정 고대 인도

불교의 탄생:
네팔인이 인도에 일으킨 변화의 바람

석가모니 기원전 624경 ~ 기원전 544경가 불교를 창시하고 발전시켰던 곳은 인도였다. 그래서 석가모니를 인도인이라고 생각하기 쉽다. 그러나 석가모니가 태어난 곳은 샤카족의 중심지인 카필라 왕국으로 현재의 네팔이기 때문에 엄밀히 말하면 석가모니는 네팔인이다. 어머니 마야 부인은 은색의 콧등에 연꽃을 달고 있는 하얀 코끼리가 오른쪽 무릎에 앉는 꿈을 꾸고 석가모니를 임신했다. 성주였던 아버지 슈도다나정반왕는 지혜로운 승려들을 불러 해몽을 부탁했다. 승려들은 태어날 사내아이가 집에만 머물러 있으면 왕이나 세계의 지배자가 되어 무기를 쓰지 않고 법으로 나라를 다스리는 전륜성왕이 될 것이요, 그가 아버지 곁을 떠난다면 세계 인류의 무지를 벗길 만한 대각자, 부처가 될 것이라고 이야기했다고 한다.

　석가는 그가 탄생한 부족의 명칭으로 '능하고 어질다', 모니는 '성자'라는 뜻이며 싯다르타 고타마는 아명이다. 싯다르타는 왕가의 자손답게 나라 안에서 최고의 학자와 예술가에게 교육을 받았지만 궁궐 밖을 궁금해하다 늙고 병들고 고생하며 죽는 사람들을 보았다. 인간의 삶이 생로병사가 윤회하는 고통으로 이루어져 있음을 깨닫고 이로부터 벗어나기 위해 29세 때 출가하여 35세에 부다가야 보리수 밑에서 49일 동안 수행하여 완전한 깨달음을 얻고 부처가 되었다. 싯다르타는 그 후 2년 만에 1250명의 제자를 모아 새로운 종교인 불교를 개창했는데, 그가 최초로 설법을 행한 갠지스 강가의 사르나트 녹야원鹿野園에는 다메크탑,

아소카 왕 석주의 사자상 등 많은 유물이 남아 있다.

불교는 브라만교의 유일 절대자인 브라만을 부정했다. 브라만을 포함하여 그 어떤 것도 절대불변의 존재가 아니며 오직 만물이 끊임없이 변한다는 사실 자체만이 불변의 진리라고 한다. 이는 카스트제도 안에서 특권을 누리던 브라만 계급은 상상도 할 수 없던 혁명적 주장이었다. 또 브라만교의 진리에 이르는 길이던 고행을 무의미한 자해행위 정도로 여겼다. 그리고 신과 인간 사이에 어떤 절대적인 구분이 있는 것이 아니며 어떤 인간도 진리를 깨우치기만 하면 신부처이 될 수 있다고 보았다. 이처럼 계급, 고행 등 브라만 교리조차 파괴한 불교는 카스트제도에 반대하여 일반 백성으로부터 폭넓은 지지를 받았다.

갠지스강 유역의 신흥 도시국가들 또한 불교를 앞다투어 지원했다. 석가모니는 코살라 왕국이 제공한 기원정사에 오래 머물렀으며, 마가다 왕국의 영취산을 방문하여 불법을 강론하기도 했다. 이것은 사상적, 사회적으로 강력한 변화를 바라던 계급의 입맛에 불교가 맞았기 때문이다. 귀족, 왕족인 크샤트리아와 상공업에 종사하는 바이샤는 교역 확대와 도시 발전을 원했고, 그러한 그들을 방해한 것은 낡은 질서를 고집하는 브라만과 그들의 사상이었다. 따라서 이들 도시국가에서는 이미 반 브라만적, 자유주의적 분위기가 팽배해 있었다. 불교가 발생하기전 기원전 6세기 무렵 자이나교가 등장했으나 그 또한 광범위하게 지지를 받지 못하던 가운데 불교가 크샤트리아와 바이샤들을 사로잡은 것이다. 이후 불교는 자비로움과 인류의 평등을 주장하며 인도로부터 동아시아를 중심으로 전파되었고 세계적인 종교 중 하나가 된다.

석가모니는 80세에 고향으로 돌아가는 중에 쿠시나가라의 사라쌍수 밑에서 입적했는데, 부처가 탄생한 해가 아닌 빠리닙바나반열반에 든 이 해가 불기佛紀의 기원이 된다. 쿠시나가라에는 부처의 열반을 기리는 열반사가 조성되어 있고 그 안에는 거대한 부처 열반상이 있다. 세계사톡

공자님, 취업하셔야죠?

 공자   덕으로 사는 세상

 한비자   채to the찍

 묵자   사랑사랑사랑

 노자   도를 믿습니까

하나요

전략 싸움

여기는 중국,
때는 춘추전국 시대.

크고 작은 나라들이
서로 힘을 겨루고 있었다.

[속보] "7자 정상회담, 협상 결렬 되나…"

'평화로운 시대 만들자더니'
'기껏 모여서 서로 눈치 싸움만…'
'전문가들, 누가 먼저 설득하느냐가 관건…'

각 나라들은
무슨 수로 적국을 쓰러뜨릴지
고민이었으니.

책사
폐하
얕보이면 안됩니다

저희 세게 나가죠!!

왕
그러다 전쟁나면?

책사
헐 그럼

소프트하게...
막 조공도 뿌리고
굽신굽신 하면서...?

왕
너 왜이리
오락가락하냐——

책사
ㅠㅠ죄송합니다
제가 많이 못배워서...

왕
외교가 얼마나 중요한건데씨

너 나가서 배운애들 데려와
월급 빠방하게 준다고 꼬셔

책사
ㅠㅠ넵

위기는 곧 기회라던가.

이 엄한 시기에,
자신의 뜻을 펼치려는
수많은 똑똑이들이 나타났다.

이들을 '제자백가'라 불렀으니.

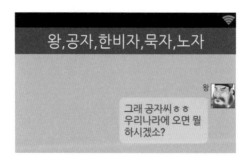

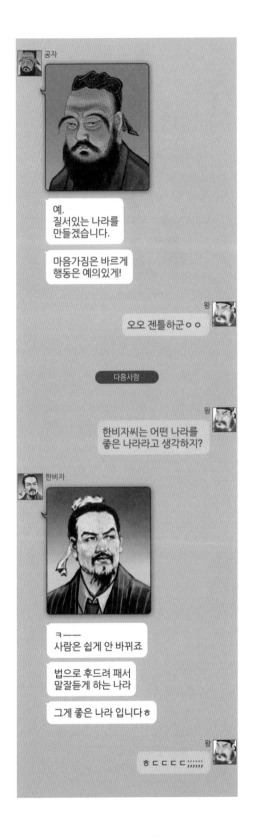

공자

예.
질서있는 나라를
만들겠습니다.

마음가짐은 바르게
행동은 예의있게!

왕

오오 젠틀하군ㅇㅇ

다음사람

왕

한비자씨는 어떤 나라를
좋은 나라라고 생각하지?

한비자

ㅋ——
사람은 쉽게 안 바뀌죠

법으로 후드려 패서
말잘듣게 하는 나라

그게 좋은 나라 입니다ㅎ

왕

ㅎㄷㄷㄷㄷ;;;;;

#유가 #법가 #묵가 #도가

이들이 퍼뜨린 아이디어들은
동양 사상의 뿌리가 된다.

이기는 나라, 이긴 사상

마침내 여섯 나라를 제패하고
전국을 통일한 나라가 나타났다.
진나라였다.

진의 책략가는
법가 사상가 '이사'였으니.

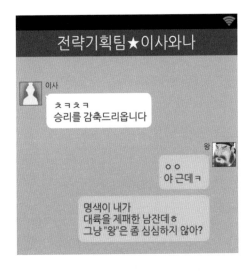

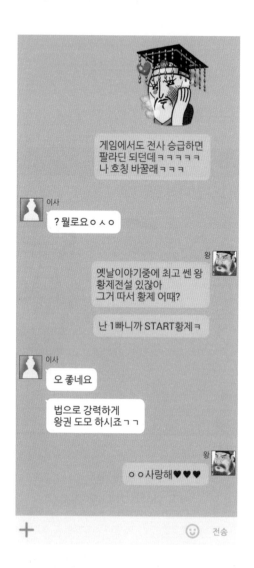

게임에서도 전사 승급하면
팔라딘 되던데ㅋㅋㅋㅋ
나 호칭 바꿀래ㅋㅋㅋ

이사
? 뭘로요ㅇㅅㅇ

왕
옛날이야기중에 최고 쎈 왕
황제전설 있잖아
그거 따서 황제 어때?

난 1빠니까 START 황제ㅋ

이사
오 좋네요

법으로 강력하게
왕권 도모 하시죠ㄱㄱ

왕
ㅇㅇ사랑해♥♥♥

전송

훗날 진의 왕은 법으로
강력한 중앙집권국가를 만드니,

그가 바로 '진시始황'이다.

한편, 공자님은 #평생_백수

왜 법가만 출세해…
그래도 예의가 최고야.

훌쩍

2번 공자씨
들어오세요.

면접장→

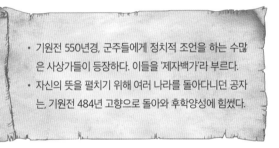

- 기원전 550년경, 군주들에게 정치적 조언을 하는 수많
  은 사상가들이 등장하다. 이들을 '제자백가'라 부르다.
- 자신의 뜻을 펼치기 위해 여러 나라를 돌아다니던 공자
  는, 기원전 484년 고향으로 돌아와 후학양성에 힘썼다.

BC 8세기~ BC 3세기 춘추전국 시대 전반

기원전

기원후

700   500   300   100   100   300년

춘추전국 시대:
500여 년의 분열이 발전이 되다

주군찾아? **책사온**

전체인재　　공익별인재　　전문인재　　상시검색

핵시온 특별 순위 위계 정보　　총 4천　　최신순▼

인과 예로 덕치 국가를 건설하겠습니다!
공자 (유가, 경력 7년 3개월)

사악한 인간은 법으로 다스리는 게 베스트!
한비자 (법가, 경력 4년 8개월)

사람은 사랑 하나면 됩니다♥♥♥
묵자 (묵가, 경력 9년 9개월)

자연의 순리대로 따르는 것만이 진리요
노자 (도가, 경력16년 0개월)

춘추春秋 시대는 기원전 770년 주의 동천에서부터 진晉이 3국으로 분열되어 주 왕실이 이를 공인할 때까지를 가리키는 이름이다. 원래 춘하추동의 준말로 사건의 발생을 연대별, 계절별로 구분하던 고대의 관습으로부터 나온 '춘추'는 공자가 편찬한 노나라 연대기 『춘추』에서 유래되었다. 전국 시대는 춘추 시대 이후부터 기원전 221년 진秦이 통일할 때까지를 가리키며 그 시대를 다룬 전한의 유향이 쓴 『전국책』이라는 역사서로부터 나온 것이다. 이 시기는 정치적으로 볼 때는 분열로 점철된 난세였다. 그러나 사회 경제 문화 면에서는 그동안의 고대 사회를 재편성해 진한 통일 제국을 형성하기 위한 변혁과 발전의 시대이기도 했다.

춘추 시대에는, 비록 쇠퇴했으나 명목상으로는 존재했던 주 왕실 체제하에서 제후들이 '존왕양이'尊王攘夷:왕실을 높이고 오랑캐를 물리침라는 대의명분을 내세우며 패권을 장악하고자 했다. 100여 년의 세월이 흐르는 동안 백 수십여 개에 달했던 제후국 사이에서 1200회가 넘는 싸움이 전개되어 마지막에는 10여 개의 제후국이 패권을 놓고 다투었다. 이 시기 특히 이름을 떨친 영웅들은 제 환공, 진 문공, 초 장왕, 오왕 합려, 월왕 구천으로 이들을 춘추오패春秋五霸라 부른다. 이들은 소국을 병합하여 영역 국가로 변신한 대표적인 경우로 중원 지역을 대표하는 나라가 제와 진이고, 강남의 강대국이 초이다.

제와 진은 중원 국가라는 자부심을 가지고 변방의 초나 오, 월을 오랑캐로 보면서 주 왕실을 지킨다는 명분을 내세웠다. 이에 철기를 사용한 민족이 양쯔강 유역에 세운 초는 주 왕실을 무시하고 독자적인 왕호를 사용하면서 세력을 강화, 황허 일대로의 진출도 꾀하며 한족 국가들을 긴장시켰다. 이들은 문화적으로는 한족 문화를 수용했기 때문에, 초의 성장은 결과적으로 장강 유역이 중국으로 편입되는 데 일조했다. 춘추오패 사이에서 벌어진 일화들은 후대에 '관포지교管鮑之交', '오월동주吳越同舟', '와신상담臥薪嘗膽'과 같은 고사성어로 남았다.

기원전 403년 진의 유력한 귀족인 한韓, 위魏, 조趙 3개 씨족장들이 공모하여 제후를 몰아내고 나라를 세 등분하고 각각 독립된 나라를 세운 사건이 일어난다. 이후 주 왕실이 완전히 멸망하고 지방의 강력한 실력을 지닌 제후국들이 영토 확장을 위한 전쟁을 벌이게 되니, 이 시기를 전쟁이 대규모화, 장기화되는 전국戰國 시대라고 부른다. 전국 시대 20여 개 국 사이에서 땅과 백성의 쟁취를 위한 약육강식의 끊임없는 전쟁이나 병합 현상이 반복되었다. 패권을 놓고 마지막까지 다투었던 진, 초, 연, 제, 한, 위, 조 7개 국이 전국칠웅戰國七雄이다.

이 시기 제후국들은 영토 국가로 완전히 변모했고 전제군주가 다수의 현을 통치하는 군현제와 관료지배 체제가 탄생했다. 국가 내의 토지와 백성을 국왕이 직접 지배하게 됨에 따라 각 국가들은 부국강병의 변법을 실시하고 유능한 인재를 등용하고자 했다. 특히 진은 기원전 359년 전격 등용된 상앙이 추진해온 법가 개혁 정책이 효과를 드러내 강국이 되었다. 이에 6국이 진에 대항하는 동맹을 결성, 합종책으로 연대를 구축기원전 333해 중원 서부 일대를 장악한 진을 포위했다. 기원전 312년 진은 재상 장의가 각국을 돌며 6국이 진을 섬기고 진은 6국을 공격하지 않는다는 연횡책을 설득하여 합종책을 무너뜨렸다. 이후 합종과 연횡을 되풀이하다 범저가 제안한 원교근공책으로 진나라는 결국 550여 년간의 기나긴 분열기를 끝맺는 통일의 대업을 완수기원전 221했다. 세계사록

누가누가 잘 싸우나

왕	다덤벼 ㅋ

나, 새내기 왕.
오늘 즉위했어.

응?
원래 왕자였냐구?
노노!

하나요

병사 모집

금융잡지 포천지

포오천

제후에서
왕으로
스타트업
르네상스를
조명한다

보다시피 제후였는데,
얼마 전에 내 나라 차려서 독립했어ㅋ
요즘 스타트업 붐이거든!

근데 대업을 하려니까
사람이 좀 필요하네?

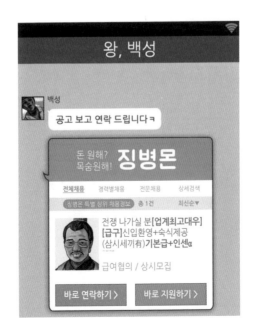

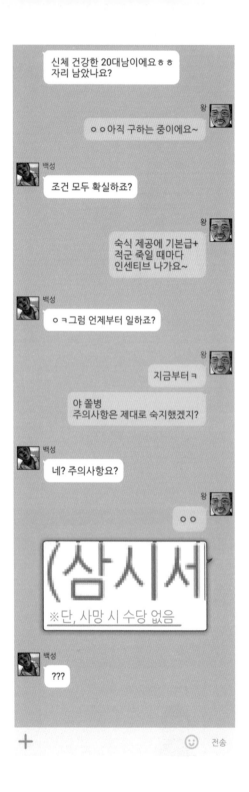

대업이 뭐냐고?
뭘 원하길래 죽네, 죽이네
무서운 소리만 하냐고?

후후……

바로 영.토.확.장♥

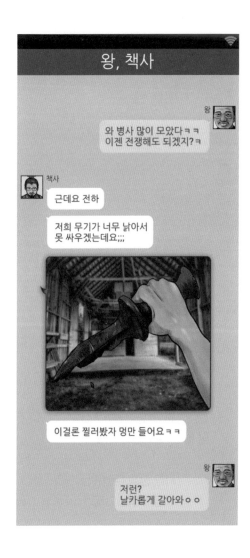

책사
음 그래봤자
청동 자체가 워낙 약해서...

이참에 철제검으로
맞추시죠ㅎㅎㅎ

왕
ㅇㅋ
잠깐만

🚀 **국방 미사일배송** 구매확인

[무료배송]장미검처럼
싹싹베이는 철제검
옵션 : 12-깡깡한고급형
수량 : 1,000개

배송중

주문완료ㅋㅋㅋ

책사
오오 굳굳!

\+   ☺ 전송

셋이요

피바다

그래.
장비엔 투자 팍팍 해야 돼.

예전엔 귀족들끼리
칼 몇 번 휘두르다가 끝났다지만,

지금 전쟁 트렌드는
그게 아니거등;

책사

전하ㅠ
우리 군사들이 패했답니다...

왕

그래?
그래도 다들 무사하지?

책사

그게...
다 죽임당했대요...

ㅠㅠㅠㅠㅠㅠㅠㅠ

왕

헐 뭐야;;;

책사

요즘 싸움은 이렇네요
철제무기가 워낙 날카로워서ㅠㅠ

아.....
청동무기 쓸땐 안 이랬는데...

왕

야 쇠칼갈어————
내 검맛 좀 보여줘야겠다

죽느냐 죽이느냐,
요즘 세상엔 그것뿐!

다 덤벼!
모조리 말★살 해주마!

人數多口來問

새나라 왕 @new_king

♥ 1,546명이 좋아합니다.

원수갚기잼ㅋㅋㅋ
#약육강식 #승리 #ㅊㅋ #전국시대

그랬다고 합니다.

- '전국'은 한나라 유향이 쓴 『전국책』에서 유래되었다.
- 전국 시대에 이르러 대다수의 약소국들이 병합되고 소수의 강대국만 남았으니, 진/조/위/한/제/연/초의 '전국7웅'이다.

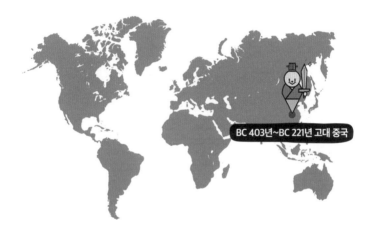

BC 403년~BC 221년 고대 중국

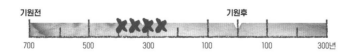

기원전   기원후

700   500   300   100   100   300년

기원전
770년
~기원전
221년

춘추전국 시대:
사상과 철기는 무기가 되고

춘추전국 시대는 패자의 자리를 놓고 국가 간의 경쟁이 벌어졌던 시기이다. 비록 정치적으로는 분열되었지만 각국의 사상과 경제 발전은 국력을 키운 무기가 되었고 그 결과 중국 전체의 역량 자체는 커졌다.

춘추 시대 주 왕실의 제후국들은 전국 시대를 거치며 독립된 영역국가로 변화했다. 각 국가는 통치체제의 강화와 부국강병을 위해 출신성분을 가리지 않는 광범위한 인재 등용이 필요했다. 이러한 배경에서 등장하여 당시 정치적 제언을 했던 학문적 집단을 제자백가諸子百家라고 한다. 공자, 노자, 묵자 등에 붙는 '자子'는 주나라 시대의 학사를 가리키던 말로 중국에서 학문이 높은 이를 부르는 존칭이었다. 유가, 도가 등에 붙는 '가家'는 같은 스승을 따르는 학자들의 무리이다. 인과 예에 의한 덕치를 주장한 공자와 맹자의 유가, 무조건적 사랑인 겸애를 주장하는 묵자의 묵가, 전략과 전술을 논한 병가, 법치주의와 신상필벌을 통한 사회정치질서 확립을 주장한 상앙, 이사, 한비자의 법가, '무위자연'으로 자연스러운 삶의 회복을 외치는 노자, 장자의 도가와 음양가, 명가, 종횡가, 잡가, 농가 등 '가'가 많다는 '백가'라는 말 뜻 그대로 수많은 사상가들과 학파들이 이 시기 어지러운 혼란을 바로잡기 위해 활동하며 사회적으로 큰 반향을 불러일으켰다. 중국사에 있어 사상적 황금시대를 연 제자백가의 등장과 활동은 중국인의 사상적 관심을 인간의 내세나 신神, 행복보다 인간의 윤리나 정치 문제 등 현실 문제에 더 초점을 맞추게 했다.

춘추전국 시대 전쟁이 장기간 가능했던 다른 기반은 철기 사용으로 인한 경제 발전이었다. 대체로 기원전 7~8세기경 북방유목민흉노으로부터 전파된 것이라 추측되는 철기는, 춘추 시대에는 지역에 따라 보급에 차이가 있지만 전국 시대 중기 이후에는 전국적으로 보급되었다. 철제농기구는 생산 도구의 주도적 위치를 차지하여 농업 생산력을 획기적으로 발전시켰고 농경지의 확대도 가져왔다. 이와 함께 우경이 시작되어 소의 유무에 따라 농업 경영규모가 달라지면서 사유재산의 확대와 계급분화가 더욱 가속화되었다.

농업을 본업으로 보고 상업을 천시하는 사상적 경향이 나타난 것 또한 전국 시대 말기이다. 국가는 농업이 사회의 근본적 부를 만들어내는 반면 상공업은 무용한 사치품만 생산한다고 보아 정책적으로는 상업을 억압했다. 그러나 실제로는 상업이 부를 축적하는 데 보다 효과적임이 인식되면서 상업과 수공업, 도시는 크게 발달했다. 특히 대상인들도 등장하여 상거래 편의를 위해 현물 대신 화폐가 사용되었다. 화폐는 그 형체를 실용물을 모방하여 제작했는데, 이는 물물교환 시 특정 상품이 교환의 매개체로 떠오르며 화폐로 변화하는 과정이 그대로 반영된 것이다. 재료는 청동이 대부분으로 '의비전'은 조개껍질을 모방한 동패에서 유래되었고 '포전'은 농기구의 일종인 대패와 호미, '도전'은 연과 제 지역에서 사용된 것으로 실용공구인 소도를 모방했다. 이러한 화폐들은 한반도에서도 발굴되고 있어서 양 지역 사이 교류가 있었음을 보여준다.

경제 발전은 국가 경영에 큰 영향을 미치기 시작했다. 재산을 축적한 대상인들 사이에서 복잡한 국경선과 국가마다 다른 화폐, 도량형으로 인한 불편이 제기되었고 이에 국가 통합에 대한 열망이 이전보다 더욱 강하게 일어나게 된 것이다. 세계 사록

고대 제국 시대

기원전 300 전후 》》 서기 1 전후

진시황

중국 통일하고 나니까 대제국이고 뭐고 필요없어

건강이 최고야!

 아소카

전 영토 늘린다구 사람들 많이
죽였는데 넘 후회되네요ㅜㅜ

부처님한테 반성문 쓰는중ㅠ

 카이사르

그래도 다들 황제는 황제잖아ㅜ

난 황제 소리 들어보려다 믿는 도끼에 발등찍힘

 클레오파트라

ㅋㅋ야 양심 어디감?

난 니만 믿었는데 뒤통수 제대로 맞았구요??

 장건

파란만장한 인생사로 치면
저만한 사람이 없죠ㅋㅋㅋㅋ큐ㅠㅠㅠㅠㅠ

  전송

한니발라버렷!

 한니발   우쭈쭈

 코끼리   뿌우>0<

I

개
고
생

ㅎㄷㄷ, ㄷㅎㅇ
ㅏ안ㄴ난는 ㅋ칼ㄹㅌ고
짤규ㅠㅍㅇ한ㄴㄴ이ㅣ발

여,.기ㅣ ㄴ는 ㅎ아풀ㄹ슫ㄷ산맥

[해석:ㅎㅇ
나는 카르타고 장군 한니발.
여기는 알프스 산맥.]

카르타고그램

한니발 @one_nibal　알프스마운틴 꼭대기에서

♥ 5,641명이 좋아합니다.

ㅊㅊㅊ우유우ㅝ우우워 추워어
#꽁꽁스타그램 #ㅎㄷㄷ #에취

롬ㅁ마ㅏ 정북하ㄹㅓㅓ
가는 길ㄹ인대ㅔ…
갸ㅔㅐ고생… 중이ㄷ다ㅏ…

(해석: 로마 정복하러 가는 길인데…
개고생… 중이다…)

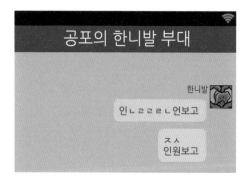

공포의 한니발 부대

한니발
인ㄴㄹㄹㄴ언보고

ㅈ人
인원보고

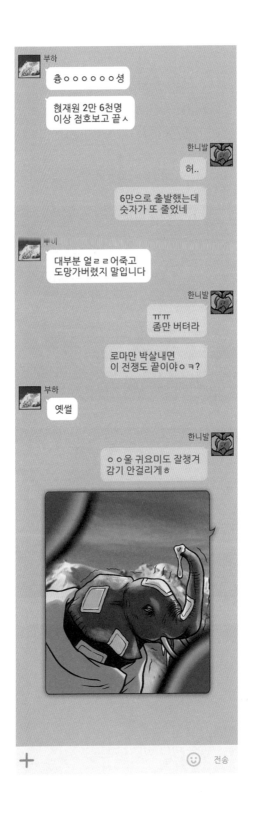

부하
츙ㅇㅇㅇㅇㅇㅇ성

현재원 2만 6천명
이상 점호보고 끝ㅅ

한니발
허..

6만으로 출발했는데
숫자가 또 줄었네

부하
대부분 얼ㄹㄹ어죽고
도망가버렸지 말입니다

한니발
ㅠㅠ
좀만 버텨라

로마만 박살내면
이 전쟁도 끝이야ㅇㅋ?

부하
옛썰

한니발
ㅇㅇ울 귀요미도 잘챙겨
감기 안걸리게ㅎ

전송

ㅋㅋㅋㅋㅋ로마 놈들…

내가 험한 알프스 넘어서
쳐들어올 거라곤 상상도 못하겠지ㅋㅋ
심지어 코끼리까지 데리고!

어디 맛 좀 봐라!!!

[속보] 한니발, 겁도 없이… 우리 로마 습격

으아아아악!!!!!!

Ⅲ

영웅의 끝

ㅋㅋㅋㅋㅋㅋㅋ
캬아ㅋㅋ 이게 바로 전술이지.

기대해라 로마 놈들아!
지원군 더 불러다가
아주 숨통을 끊어주마!

…어라?

스키피오
> 야
> 니가 한니발이냐?

한니발
> ㅇㅇ
> 근데 너 뭐냐?

> 초면부터 말을 놓네ㅋㅋ?

스키피오
> ㅋ그럼 적한테 다나까쓰냐?
> 나 이번에 새로 부임한
> 로마군 총지휘관임ㅇㅇ
> 이열 너 싸움좀 하더라
> 말로만 영웅놀이 하는 줄 알았는데

한니발
> ㅋㅋ
> 감탄하기엔 이르지 않나?
> 우리 본대 오면
> 너네 개박살이야ㅋㅋㅋ

스키피오
> ㅋㅋ웅웅 그래요~?
> 근데 어쩌나아~?

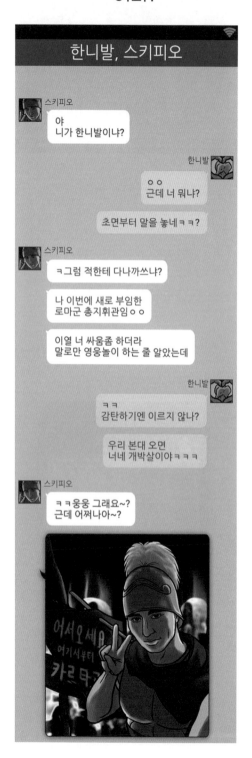

그랬다고 합니다.

- 한니발, 배를 타고 바다로 가는 대신 피레네와 알프스 산맥을 넘어 로마에 도착하는 험난한 육로를 선택하다.
- 덕분에 걸리지 않고 적진에 도착하다.
- 초승달 포진으로 로마의 중장 보병을 고립, 전멸시키는 전술을 써서 승리하나, 이후 전쟁이 장기전으로 지연되다.
- 그 사이 스키피오, 카르타고 본국을 공격하다. 부랴부랴 카르타고에 도착한 한니발과 자마에서 결전을 벌이다.
- 기병에 밀린 한니발, 코끼리에 승부를 걸지만 코끼리가 스키피오의 나팔 소리에 놀라 아군을 공격하다. 결국 로마의 승리로 끝나다.

BC 218년~BC 201년 카르타고

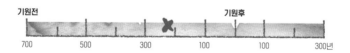

기원전   기원후

700   500   300   100   100   300년

기원전
323년
~기원전
30년

헬레니즘 세계:
그리스 문화, 오리엔트의 정치를 덧입다

알렉산드로스의 가장 큰 업적은 3대륙에 걸친 제국을 건설하여 헬레니즘 문화의 기틀을 마련한 것이다. 헬레니즘은 시대적으로 알렉산드로스의 사망부터 로마의 옥타비아누스가 이집트의 프톨레마이오스 왕조를 정복한 시기기원전 30까지 약 300년을 가리킨다. 문화적으로는 그리스와 오리엔트 문화, 즉 동서 문화의 융합을 특징으로 한다. 그러나 당시 제국의 지배 세력이 그리스인 또는 그리스화된 사람들이었던 것처럼 문화에서도 그리스 문화가 지배적이었다. 특히 사회 지배층이나 교양인들 사이에서 사용된 언어는 공용화된 그리스어인 '코이네'로, 지배층에 속하기 위해서는 코이네를 알아야 했다. 즉, 헬레니즘 문화는 동서 문화가 대등하게 융합된 것이 아닌 그리스 문화에 페르시아와 인도 문화가 융합된, 세계화한 그리스 문화였다.

이전 시기 그리스 문화가 폴리스를 바탕으로 한 배타적 성격을 지녔던 것에 비해 헬레니즘 문화는 개방적이고 보편적이며 세계시민주의적 특징을 가진다. 헬레니즘 시대에는 동양식의 전제군주 지배 하에서 여러 국가 사람들이 세계화한 그리스 문화를 향유하면서 도시생활을 했다. 그랬기 때문에 폴리스를 초월한 세계시민사상으로부터 공동체의 소속감 대신 개인주의 사상이 나타났다. 당시 유행했던 스토아학파와 에피쿠로스학파는 개인의 행복을 추구했다. 이를 위해 스토아학파는 외부 세계 사물에 대한 욕망과 집착을 끊어야 한다는 금욕주의를 주장한 반면, 에피쿠로스학파는 욕망을 줄여 행복을 극대화하려는 정신적 쾌락을 추구했다.

그리스의 단정하고 균형 잡힌 작품을 통해 구현된 이상적인 미美는 헬레니즘 시대에 개성화, 현실화하여 「라오콘 군상」, 「승리의 여신 니케」, 밀로의 「비너스」 상으로 표현되었다. 이전 그리스 시대에는 소피스트, 소크라테스, 플라톤, 아리스토텔레스로 이어지는 인간과 국가, 사회에 대한 수준 높은 사유, 인간의 희비극을 다룬 희곡 작품들 그리고 인간과 비슷한 신들이 표현된 그리스 신화를 통해 폴리스를 중심으로 문화를 향유하고 있던 시민들의 모습이 표현되었다. 그에 비해 헬레니즘 시대에는 국가가 보편적 성격을 지니는 자연과학을 비롯한 다양한 학문의 중요성을 인식하고 그를 지원하면서 발달했다. 알렉산드로스는 정복지마다 알렉산드리아를 건설했는데 70여 개의 알렉산드리아 중 헬레니즘 문화 창달의 중심지는 이집트의 알렉산드리아였다. 이곳에는 박물관뮤즈의 집과 도서관무세이온이 있어 국가의 지원으로 운영되었고 철학자를 비롯한 인문과학자와 자연과학자들이 연구에 종사했다. 이로 인해 헬레니즘 시대에는 당시까지 발달했던 메소포타미아와 이집트 과학, 그리스 철학 등이 융합된 자연과학, 수학 등이 특히 발달했다. '유레카'로 유명한 아르키메데스기원전 287경~기원전 212, 기하학의 성전인 『기하학 원론』의 저자 에우클레이데스유클리드, 기원전 330경~기원전 275경, 아폴로니우스기원전 260경~기원전 200경, 에라스토테네스기원전 276경~기원전 194경 등 거장의 이름들을 남긴 헬레니즘 시대의 과학은 그리스 철학과 함께 이슬람 세계에 계승, 발전된 뒤 다시 유럽으로 건너가 세계 문화사에서 중요한 자리를 차지하게 된다. 세계 사록

로마의 이탈리아 통일과 지중해 패권 장악:
반도에서 세계를 향해 진군 또 진군

에트루리아 왕을 몰아내고 귀족공화정이 시작됐을 때까지만 해도 로마는 테베레강 유역의 작은 도시에 불과했다. 그랬던 로마가 기원전 272년 이탈리아 반도의 통일을 이루어낸다. 라틴 도시들과의 동맹기원전 493을 시작으로 주도권을 장악한 로마는 기원전 5세기 후반 인접한 사비니족을 정복하고 기원전 4세기 초에는 에트루리아 도시를 점령했다. 켈트족의 침입을 받아 로마시가 점령당하는 위기를 겪기도 했으나, 곧 국론을 통일하면서 반란을 일으켰던 라틴 동맹을 완전히 장악하며 통일을 향해 발을 내디뎠다. 그 후 기원전 4세기 말부터 3세기 초에 걸쳐 삼니움족을 중심으로 한 반反로마 세력과의 다툼에서 승리한 로마는 남부에 있었던 그리스의 식민시 마그나 그라키아와의 결전에서도 승리해 통일을 이룩했다.

로마 통일의 동력은 평민 세력의 신장에 따른 신분 투쟁을 로마의 지배층이 포용해 이익을 분배하고 이를 통해 시민들에게 일체감을 느끼게 하여 애국심으로 그들을 무장시킨 데 있다. 거기에 로마인의 현실적이고 군사적인 재능이 더해졌고 중요 정복지에 로마 시민을 파견하고 시민권을 부여함으로써 로마시 자체를 확대해나간 것이 세력 확장의 배경이 되었다. 또한 식민지에 자치권을 주고 동맹

관계를 형성하는 방법 등으로 피정복지와의 대립을 해소하면서 로마는 전 이탈리아에 확고한 지배권을 수립할 수 있었다.

이탈리아 반도를 장악하고 로마가 지중해에 면하게 되면서 카르타고와의 일전은 피할 수 없는 일이 되었다. 카르타고는 기원전 814년경 지금의 북아프리카 튀니스 부근에 건설된 페니키아의 식민시로 해상무역을 통해 급속하게 발전하여, 북부 아프리카의 해안지대, 시칠리아 서부, 코르시카, 사르디니아, 이베리아 반도의 동남 해안지대 등을 장악한 서부 지중해의 패자였다. 기원전 800년대 이후 그리스 식민시들이 건설되었으나 카르타고의 패권에는 큰 동요가 없었다. 로마와 카르타고의 충돌은 시칠리아의 그리스 식민시였던 멧시나가 시라쿠사의 공격을 받았을 때 그 용병들이 둘로 갈라져 각각 로마와 카르타고에 지원을 요청한 데서 시작되었다. 사실 전쟁의 발단은 상당히 사소한 것이었으나 그것은 그만큼 로마와 키르타고의 충돌이 필연적이었다는 것을 보여준다.

3차에 걸쳐 양국의 국운을 걸고 거의 120년간 벌어졌던 로마와 카르타고의 전쟁을 포에니 전쟁이라고 한다. '포에니'란 로마의 입장에서 부르는 것으로 로마인이 카르타고를 건설한 페니키아인을 부르는 이름이었다. 1차 포에니 전쟁기원전 264~기원전 241은 전쟁의 원인이었던 시칠리아 섬의 쟁탈전으로 로마가 승리했다. 로마는 시칠리아를 동맹시로 대우하지 않고 속주로 만들어 공납을 거두면서 앞으로 건설될 제국 조직의 기본적인 틀을 만들었다. 이곳은 로마의 곡창지대 역할을 했는데 대농장인 라티푼디움이 처음 시작된 곳이기도 하다. 이후 로마는 사르디니아와 코르시카도 획득해서 속주로 만들고 북이탈리아의 켈트족 또한 평정했다.

2차 포에니 전쟁기원전 218~기원전 201에서는 로마와 카르타고를 대표하는 장군들의 놀라운 전술로 전쟁사의 명장면들이 연출되었다. 이베리아 반도에서 군대를 양성한 카르타고의 명장 한니발 바르카기원전 247~기원전 183경는 코끼리 부대까지 동원한 대군을 거느리고 피레네와 알프스 산맥을 넘어 이탈리아로 진격했고 이를 예상하지 못했던 로마는 칸나이 전투에서 엄청난 패배를 당하게 된다. 그러나 이탈리아 침략 후 근 10년 동안 승승장구한 카르타고의 예상과 달리 로마 중심의 이탈리아 결속은 견고했고, 심지어 칸나이 전투의 패장을 포용한 로마의 정치력으로 로마인의 애국심은 더욱 높아져 강한 힘을 발휘했다. 거기에 로마의 명장 스키피오기원전 236~기원전 184는 허를 찔러 한니발의 근거지인 이베리아 반도를 정복하고 카르타고를 공격했는데, 이에 한니발은 눈물을 머금고 아프리카로 돌아와야 했다. 귀국한 한니발이 자마 전투에서 패함기원전 202으로써 2차 포에니 전쟁은 막을 내리고 카르타고는 로마의 허락 없이는 전쟁을 할 수 없는 나라가 되었다. 로마가 카르타고를 대신하여 서지중해의 패권을 장악하게 된 것은 물론

〈2차 포에니 전쟁〉

이었으며 스키피오는 승전한 공로로 '아프리카누스'라는 칭호를 갖게 되었다.

마지막 3차 포에니 전쟁기원전 149~기원전 146은 카르타고가 해상 무역으로 국력을 다시 회복하는 것을 본 로마가 인접한 누미디아를 이용해서 전쟁을 일으켜 카르타고를 완전히 멸망시킨 것이다. 카르타고는 전 시민이 필사적으로 저항했으나 로마군은 사령관 소小스키피오스키피오 아프리카누스의 조카, 기원전 185~기원전 129의 지시에 따라 카르타고를 철저히 파괴했다. 당시 서지중해 일대는 카르타고에서 타오르는 불길과 시체 타는 냄새로 뒤덮였다고 한다. 카르타고는 완전히 파괴되어 소금이 뿌려진 후 '아프리카'라는 속주가 되었으며 포로는 모두 노예로 팔렸다.

카르타고와의 전쟁이 끝나자 로마는 동지중해로 눈을 돌렸다. 당시 지중해 동부는 마케도니아를 중심으로 하는 헬레니즘 세계의 지배하에 있었다. 로마는 3차에 걸친 마케도니아와의 전쟁기원전 215~기원전 168에서 승리한 후 속주로 만들었고, 그리스의 아카이아 동맹의 주동이자 지중해 무역의 중심도시였던 코린트를 파괴기원전 146했다. 이후 시리아를 정복한 뒤 '아시아'라는 속주로 만들면서기원전 133 헬레니즘 세계 또한 정복한다. 이는 로마에 헬레니즘 문화를 유입시켜 로마 문화 발전의 또 하나의 원동력이 되었다. 그러나 한편으로는 그동안 소박하고 강건했던 로마인의 생활 태도와 풍습이 사치스럽고 향락적인 방향으로 변화되는 전환점이기도 했다. 이후 로마는 세계를 정복한다는 것은 그 세계의 장점을 수입하는 것임과 동시에 그 세계를 멸망으로 이끌었던 단점 또한 유입되는 것임을 보여주며, 그 모든 것들을 수용하고 처리하는 시험대에 오르는 공화정 말기로 접어든다. 세계 사록

카이사르의 왕밍아웃

카이사르   크라운 👍

Ⅰ

뽑아줘

나, 카이사르ㅋ
이번에 선거에 나가게 됐어ㅎㅎ
로마 반장 한번 해보려고ㅋ

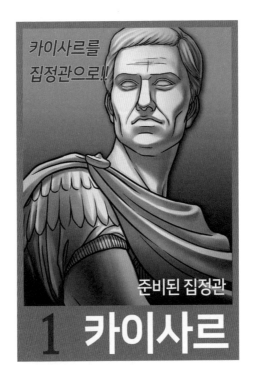

근데 그냥 뽑아달라고 말만 해서는
표 많이 못 받겠더라.

아무래도 친구 찬스 좀 써야겠어ㅋㅋ

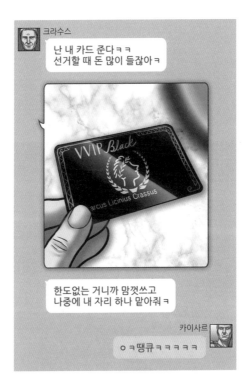

이게 바로 황금케미!
우리들은 천하무적!

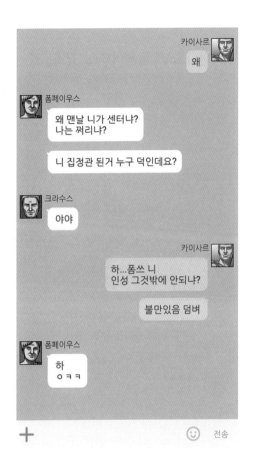

저 녀석 인성 보소?

주사위는 이미 던져졌고,
함 붙어보지 뭐ㅋㅋ

캬아 그럼 그렇지.

자, 이제 나님의 세상이다.

ㅋㅋㅋㅋㅋㅋㅋㅋㅋㅋㅋㅋ

"브루투스… 너마저…"

그랬다고 합니다.

- 카이사르, 갈리아를 정복하여 속주 총독으로 있는 등 정치인으로 능력을 인정받다.
- 폼페이우스, 크라수스와 함께 제1차 삼두정치를 펼치다.
- 훗날 원로원과 손잡은 폼페이우스를 격파하고 황제와 다름없는 권력을 쥐었으나, 독재 정권을 반대하던 공화당 지지자들에게 습격을 받다.

BC 44년 로마제국

기원전

기원후

700   500   300   100   100   300년

로마 공화정의 몰락과 삼두정치:
로마는 up&up, 로마 시민은 up&down

헬레니즘을 아시아 속주로 삼으면서 정복을 완수기원전 133한 때부터 악티움 해전기원전 31까지 약 100여 년은 이탈리아 반도의 도시국가로부터 출발해 지중해 제국이 된 로마가 그에 적합한 통치 방식을 찾아가는 일종의 혼란기였다. 로마를 지중해의 정복자로 키워낸 공화정은 정복 이후 로마에 닥친 커다란 사회경제적 변화로 인해 개혁

의 노력에도 불구하고 그 끝을 보게 되었다. 그 후 새로운 정치 체제가 확립될 때까지 군사령관 출신들에 의한 과두정인 삼두정치가 2차에 걸쳐 시행된다.

순조롭게 진행되었던 정복 사업은 로마에 광대한 영토와 막대한 수입을 안겨주었다. 그러나 그 혜택은 로마의 모든 사람에게 고르게 분배되지 못했고, 소수의 벌족노빌레스계층과 신흥 부유층과 같은 일부에게만 집중되었다. 특히 2차 포에니 전쟁 이후 노예 노동에 기반을 둔 '라티푼디움광대한 토지'이라는 대농장 경영이 유행하면서 부유층들은 더욱 부유해졌다. 라티푼디움을 통해 풍부한 노동력을 바탕으로 한 대규모 생산이 가능해졌고 그 가운데 적절한 분업과 협력이 이루어져 생산이 더욱 늘었기 때문이다. 또한 노예가 힘든 육체노동을 담당함에 따라 부유층들은 문화 예술 활동에 종사함으로써 비약적인 문화 발전도 이루어졌다. 반면 오랜 전란으로 피폐해진 농토와 라티푼디움, 속주로부터 유입되는 곡물로 인해 폭락한 곡가는 로마 경제의 기반이었던 자영농민층의 몰락을 초래했다. 군인의 근간이 되었던 '앗시두이중소자영농'들이 가난한 '프롤레타리우스무산자'로 전락한 것은 시민군의 약화를 초래했고 계층의 양극화 현상을 가져왔으며 이는 로마의 심각한 사회 불안을 조성했다. 거기에 헬레니즘의 영향으로 소박하고 건전한 사회 기풍 대신 사치와 향락을 좇는 생활 기풍이 유행했다.

그라쿠스 형제의 개혁은 이러한 사태를 시정하기 위한 것이었다. 그들의 목표는 토지 재분배를 통한 자영농민층의 육성이었는데, 그를 통해 사회 불안을 해소하고 로마의 군사력을 강화하고자 했다. 스키피오의 외손자요 평민 출신 집정관의 아들이었던 티베리우스 그라쿠스는 기원전 133년에 호민관으로 선출되었고, 10년 뒤 그 동생 가이우스가 호민관으로 선출되어 개혁을 추진했다. 그러나 그들의 개혁은 반대파에 의해 실패로 돌아가 형은 살해당하고 동생은 자살기원전 121하였다. 이러한 그라쿠스 형제의 개혁 실패 이후 로마의 지배층은 원로원을 중심으로 기득권을 유지하려는 벌족파와 그에 대항하여 평민의 이익을 옹호하려는 평민파로 나뉘었다. 그들의 약 100여 년간의 대립은 내란이라 부를 정도의 폭력과 유혈 사태로 점철되면서 정치에 대한 군대 개입을 초래했다. 스파르타쿠스의 난과 같은 노예 반란 또한 일어나는 가운데 몰락한 농민들을 사병으로 삼은 군인들이 권력을 장악하는 군인 정치가 등장했고 이러한 군인 정치가들은 대외 팽창 정책으로 문제를 해결하고자 했다.

카이사르, 폼페이우스, 크라수스는 당시의 세력가로서 이들의 공동 통치체제를 가리켜 삼두정치라고 한다. 특히 시저, 카이저라고도 불리는 율리우스 카이사르기원전 100~기원전 44는 군사적으로 뛰어난 전략가로 갈리아프랑스, 북이탈리아와 브리타니아영국를 정벌해 유럽까지 로마의 영토를 확장시킨 인물이다. 뛰어난 문장가로 『갈리아전기』를 남기기도 한 그는 사회경제적 개혁정치를 통해 평민들의 권익을 보호하고자 했다. 그러나 그가 구상한 황제정은 공화파의 반발을 샀고 이 때문에 그가 신임했던 브루투스를 포함 60명이 넘는 사람의 칼에 찔리며 죽음을 맞게 된다.

그 후 백전노장 안토니우스, 카이사르의 양자이자 제1후계자인 옥타비아누스, 레피두스에 의해 2차 삼두정치가 실시되었다. 권력을 장악하기 위해 공화파를 제거하는 데 힘을 쏟았던 그들은 목표를 달성하자 그들끼리 권력을 향한 치열한 경쟁을 벌였으며 그 최종 승리는 옥타비아누스기원전 63~기원후 14에게 돌아갔다. 옥타비아누스는 이집트의 클레오파트라와 연합한 안토니우스기원전 83경~기원전 30를 불세출의 장군 아그리파와 함께 악티움 해전에서 무찔렀다. 이로 인해 알렉산드로스의 후계자로 이집트 총독이 된 프톨레마이오스 이후 300여 년 동안 계승되며 로제타 석비를 남기기도 했던 이집트 프톨레마이오스 왕조는 무너져 로마의 지배하에 들어가게 되었으며 옥타비아누스는 독점적 지배권을 장악하게 되었다.

이후 옥타비아누스는 스스로를 '프린켑스제1시민'라 부르며 공화정을 유지하고자 하는 듯 보였으나 재정, 군사를 독점적으로 장악하며 통치권을 유지했기에 실질적으로는 '황제정'과 다름없는 정치체제를 만들었다. 결국 그는 원로원의 간곡한 청에 마지못해 응낙하는 방식으로 '아우구스투스존엄한 자'로 추대되면서 황제 자리에 올랐다기원전 27. 로마는 아우구스투스에 의해 600여 년의 공화정 전통이 마감되고 제정으로 통치 형식이 변화된 것이다. 그리고 그것은 어쩌면 광대해진 영토와 늘어난 인구가 당시 공화정 통치의 한계를 뛰어넘는 것이었기에 필연적인 수순이었을지도 모른다. 세계사록

세젤예 클레오파트라

클레오파트라　미모사랑 나라사랑

I 신붓감

인생은 외로운 법.
솔로들은 짝을 찾아 헤매지.

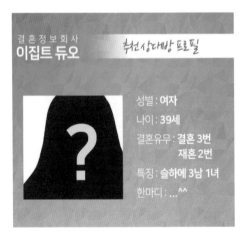

결혼정보회사
이집트 듀오　추천상대방 프로필

성별 : **여자**
나이 : **39세**
결혼유무 : **결혼 3번**
　　　　　　재혼 2번
특징 : 슬하에 **3남 1녀**
한마디 : ...^^

너라면…
이런 여자 어떨 것 같아?

싱글남

——
장난하세요?

커플매니저

왜 그러시죠?

싱글남

저 이십대 총각이거든요?

근데 돌싱에 애도 있는
신붓감이라니

커플매니저

딴거 필요없고
예쁜분 찾으신다길래..

싱글남

하ㅎ

아무리 여신이라도
사.양.입.니.다

커플매니저

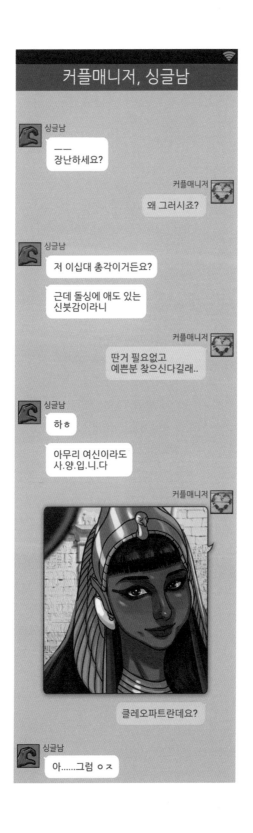

클레오파트란데요?

싱글남

아......그럼 ㅇㅈ

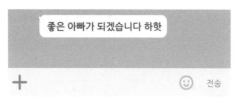

좋은 아빠가 되겠습니다 하핫

＋ ☺ 전송

ㅋㅋ 됐어.
평범남은 이쪽에서 거절이야.

내가 누구야?

지구 탑급 콧대 소유자!
이집트의 파라오
클레오파트라님이야!

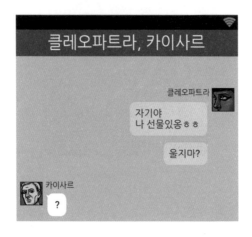

클레오파트라, 카이사르

클레오파트라

자기야
나 선물있옹ㅎㅎ

울지마?

카이사르

?

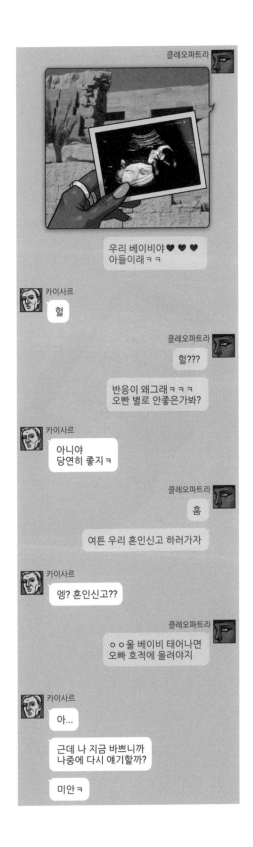

이때 눈치챘어야 했는데…ㅆ
구남친은 나랑 결혼할 맘도
우리 아들 후계자로 만들 생각도 없더라.
아…

ㅋㅋㅋㅋㅋㅋ
심지어 얼마 뒤 죽어버림…

후아…
이집트 운명이 내 손에 달린 만큼
힘센 정치 파트너가 필요한데.

코.카.콜.라.맛.있.다
누.구.를.고.를.까.요?

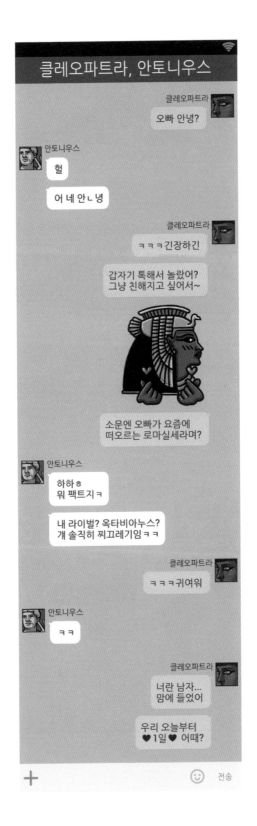

그랬다고 합니다.

- 남동생과 공동 통치하다가 쫓겨난 클레오파트라. 파라오 복위를 위해 카이사르에게 작업 걸다. 그녀의 나이 21세, 카이사르는 52세 때의 일이다.
- 카이사르 죽자, 그의 부하이자 당대 로마 권력자인 안토니우스와 결혼해 정치적 파트너로 손을 잡다.
- 이후 카이사르의 양자이자 안토니우스의 라이벌인 옥타비아누스와 대립하다가 끝내 악티움 해전에서 패배를 맛보다.
- 독뱀을 풀어 자신의 가슴을 물게 하여 스스로 생을 마감하다.

BC 30년 고대 이집트

기원전   기원후

700   500   300   100   100   300년

기원전
250년경
~기원후
226년

박트리아와 파르티아:
인도와 페르시아로 녹아든
알렉산드로스의 꿈

알렉산드로스 제국은 군사력에 의한 일시적 통합으로 건설되었기에 그의 사망 직후 영토는 분열되었다. 마케도니아의 카산드로스안티고노스 왕조, 소아시아의 리시마코스 왕조, 시리아-이란의 셀레우코스 왕조, 이집트의 프톨레마이오스 왕조로 분할된 제국의 영토는 크게 이집트 프톨레마이오스 왕조와 서아시아 셀레우코스 왕조 페르시아의 대결 구도로 정착된다.

헬레니즘 왕국들이 쇠퇴하기 시작한 것은 그 제국의 지배층을 유지시켜주던 그리스의 이주 인구가 급격히 줄어들면서부터였다. 결국 지중해 동부의 그리스 식민지들은 로마에게 정복당했고 페르시아 지역에 있던 식민지들은 파르티아에게 병합되어 기원전까지 그리스-마케도니아계 국가는 모두 사라졌다. 가장 동쪽에 위치해 영향력을 발휘했던 박트리아의 그리스인도 불교로 개종하고 주변 지역 소수의 그리스인 또한 인도 토착민 사회에 동화되면서 서서히 소멸했다. 박트리아와 파르티아는 헬레니즘의 지배에서 출발해서 당시 대제국이었던 로마와 중국 한나라 등과 관계를 맺으며 번영을 누렸고 끝은 인도의 쿠샨 왕조, 서아시아의 사산 왕조 페르시아로 이어졌다.

박트리아는 현재 아프가니스탄 북부 일대로 인도-유럽어족의 발상지로 여겨진다. 중심지는 박트라로 조로아스터가 탄생해 처음 교세를 펼치기도 한 이곳은 아케메네스 페르시아 시대에도 좋은 입지 조건으로 이집트, 바빌론에 버금가는 번영을 누리기도 했고, 페르시아의 마지막 왕 다리우스 3세가 재기를 꿈꾸기도 한 곳이다. 알렉산드로스 사후 이곳은 셀레우코스 왕조의 땅이 되었지만 시리아에 기반을 둔 그들은 서쪽 이집트와의 대립으로 동쪽 영토를 제대로 관리하지 못했고, 이에 기원전 250년경 박트리아를 다스리던 그리스인 디오도토스 1세가 반란을 일으켰다. 비슷한 시기 박트리아 서쪽의 파르티아에 아르사케스 왕조가 들어섰기 때문에 박트리아는 독자적으로 발전할 수 있었다.

박트리아는 인도 마우리아 왕조, 파르티아와 균형을 이루며 헬레니즘을 계승한 전성기를 누렸다. 그러나 수많은 반란과 인도인의 지지를 받기 위해 불교로 개종하는 왕이 출현하는 등 내분으로 쇠퇴해갔다. 기원전 30년경 중앙아시아에서 내려온 유목민 집단의 공격을 받아 무너지게 되는데, 몽골 지역의 흉노에 패망한 월지의 일파인 대월지가 서방으로 이주해 샤카족을 밀어냈고, 밀려난 샤카족이 남하하여 박트리아를 공격했다. 파르티아는 고전했음에도 이들의 침입을 막아낸 반면 내분으로 약해진 박트리아는 무너졌다. 이후 대월지 세력까지 남하에 가세하면서 박트리아는 완전히 멸망했고, 박트리아에 자리 잡은 월지족의 일부가 인도로 들어가서 쿠샨 왕조를 건설하면서 월지는 쿠샨貴霜, 귀상족으로 불리게 된다. 대월지를 서방에서는 토하르인이라고 불렀는데 한 무제 신하 장건이 이를 음차하여 대하大夏라고 부르면서 대하는 박트리아를 가리키는 말이 되었다.

파르티아는 셀레우코스 왕조를 멸망시키고 서아시아 일대를 지배한 왕조로 전성기에 그 영토가 서로는 시리아, 동으로는 인도 북부까지 달했던 제국이다. 중심지는 현재 이라크 일대와 이란 서부로 원래 이란 북부의 유목민 부족들이 주요 지배 세력이었으나 그들 스스로는 아케메네스 왕조 페르시아 후예를 자처하였다. 파르티아는 고대 페르시아어 '파르타바'에서 유래한 말로 다리우스 1세가 지배한 땅들을 열거할 때 처음 나온다. 이 지역에서 나라를 세웠으므로 나라 이름도 그대로 파르티아라고 부르게 되었다. 그들 스스로는 시조인 아르사케스 1세의 이름을 따서 아르사케스 왕조라고 했고 중국인들은 이를 음차하여 안식국安息國이라고 불렀다.

기원전 120년경 파르티아 제국은 정복 전쟁을 통해 이란 고원 전역과 메소포타미아 지역을 장악해 동서 교역의 일익을 담당하는 강대국 대열에 합류했다. 이들은 로마와 한이라는 두 거대 제국 사이의 입지를 이용하여 비단길 중개 무역으로 번영을 누렸다. 때로는 로마와 한이 직접 교역을 시도했는데 기원후 97

〈전성기의 파르티아 제국(기원후 1세기경)〉

헤카톰필로스
소그디아나
아테네
비잔티움
아르메니아
카스피해
마르기아나
(사마르칸트)
로마 제국
박트리아
지중해
니싸(초기 수도)
크테시폰
(수도, 현 바그다드 부근)
파르티아 제국
간다라
바빌론
수사
게드로시아
인도
아라비아
페르세폴리스

년경 후한 서역도호부의 도호였던 반초가 파르티아 국경 지대의 메르브까지 진출, 실크로드 무역을 위협하는 유목민들을 격파하고 부하인 감영을 파르티아에 사신으로 보내기도 했다. 감영은 로마까지 방문하고자 했으나 로마와 한이 직접 무역 관계를 맺는 것을 꺼려한 파르티아인들의 방해로 흑해 혹은 지중해까지만 보고 돌아갔다고 한다. 한뿐만 아니라 로마의 상인들도 직접무역을 원해 중국 진출 시도를 했으나 당대에는 너무나 멀고 험한 길이어서 실패로 돌아갔다. 이처럼 파르티아의 존재는 중국과 서방이 최초로 서로를 인식하게 되는 계기로 작용했다. 로마는 파르티아에서 중국의 비단을 수입했고, 중국인들은 파르티아에서 로마의 포도주와 금은 세공품을 구경하였다.

파르티아는 이후 로마와의 전쟁에서 연패하여 국력이 쇠잔해가던 와중 파르스에서 반란을 일으켜 사산 왕조를 세운 아르다시르 1세에 의해 멸망했다. 아케메네스에서 시작되어 파르티아를 거친 이란의 영광은 다시금 사산 왕조 페르시아226~651로 이어진다. 세계사록

우리 아소카가 달라졌어요

아소카	과거청산ing

I

피주먹 아소카

난 협상의 달인,
떠오르는 인도의 별
아소카.

내놔 그거 소카꼬야

한 번도 실패한 적이 없지ㅋ
원하는 건 어떻게든 얻어내거든.

내가 협상하는 거 한번 볼래?

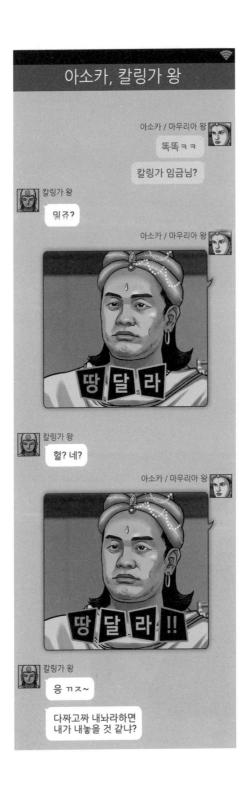

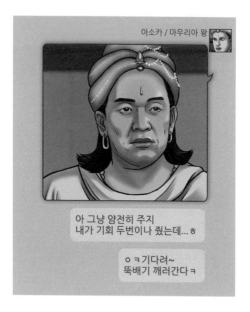

아 그냥 얌전히 주지
내가 기회 두번이나 줬는데... ㅎ

ㅇㅋ 기다려~
뚝배기 깨러간다ㅋ

역시 말로 해선 안 된다니까???
매를 벌어요~ 매를ㅋㅋㅋㅋ

아소카

(뿌듯)

캬하하하하 ㅎㅎㅎㅎ
어차피 이렇게 될 거
왜 그렇게 고집을 부리나 몰라ㅋ

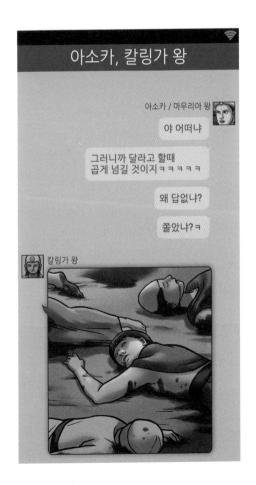

아소카, 칼링가 왕

아소카 / 마우리아 왕

야 어떠냐

그러니까 달라고 할때
곱게 넘길 것이지 ㅋㅋㅋㅋ

왜 답없냐?

쫄았냐?ㅋ

칼링가 왕

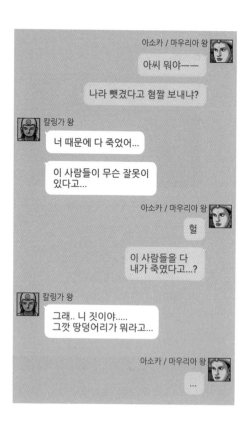

ㅠㅠㅠㅠㅠㅠㅠㅠㅠ
난 정말 나쁜 놈이야.

그동안 아무렇지도 않게
무고한 생명들을 짓밟아왔다니.

난 평생 속죄하며 살아야 돼.

반성 또 반성

III

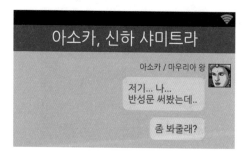

그랬다고 합니다.

- 아소카, 99명의 배다른 형제들과 그를 반대하는 세력들을 숙청하고 왕위에 오르다.
- 영토를 확장하던 중, 칼링가 왕국을 무자비하게 정복하다. 10만 명을 죽이고 15만 명을 포로로 잡아들이다.
- 그러나 이내 죄책감을 느끼고, 무력이 아닌 불법으로 나라를 다스리다. 석주(돌기둥)를 세우고 포교사절단을 보내는 등 불교를 전하는 데 힘쓰다. #상좌부불교(소승불교)

BC 269년(추정)~BC 232년경 인도 마우리아 왕조

기원전
320년경
~기원전
185년

마우리아 왕조와 아소카 왕:
인도 최초의 통일 제국, 불교에 빠지다

기원전 320년경 인도 대륙 최초로 통일
왕국이 건설되었다. 인도 북부를 통일, 서
로는 아프가니스탄에서 동으로 벵골만에
이르는, 후세의 어떤 왕조도 달성하지 못
할 정도의 광대한 지역을 통치한 마우리
아 왕조가 탄생한 것이다. 인도인들이 북
쪽의 히말라야에서부터 남쪽의 인도양에
이르는 인도 대륙 전체를 하나의 세계로 인식하게 된 것이 이 무렵부터이다.

갠지스 중류 지역은 기원전 6세기 발달된 철기 사용으로 개간이 진행되고 농
업 생산력이 높아지면서 새로운 체제의 국가가 출현한 곳이다. 그 중 마가다 지
역은 불교 등 새로운 종교와 사상이 출현한 곳으로, 풍부한 농산물과 구릉의 광
물을 물적 기반으로 하여 북인도의 경제권을 장악했던 왕조들이 번영할 수 있
었다. 기원전 327년 알렉산드로스가 인도에 침입했을 때 난다 왕조는 수십 만의
대군을 거느리고 마가다 지역을 지배하고 있었고, 이로부터 정권을 빼앗아 인도
통일 사업을 완성한 이가 마우리아 족의 찬드라굽타였다. 그는 이후 알렉산드로
스의 그리스군과 페르시아 군대가 서쪽으로 후퇴한 것을 기회로 영토를 확장하
면서 남부의 타밀 지방을 제외한 인도 대륙 전역의 영토 대부분을 차지했다. 이
로써 알렉산드로스가 점령했던 서북부 지방까지 수복했으나 그 지역에 뿌리를
내리고 있던 헬레니즘 문화의 흔적을 지울 수는 없었다.

찬드라굽타의 손자로 한자 문화권에서 아육왕으로 표기되는 아소카 왕기원전 269경~기원전 232경 통치 시기가 마우리아 왕조의 전성기이다. 무려 99명의 왕자를 죽이고 스스로 왕이 된 그는 재위 9년째 되던 해 인도의 남동부, 현재 오디샤 해안 칼링가국과 벌인 정복 전쟁에서 승리한다. 이때 10만 명이 죽고 그 몇 배의 난민과 병자가 발생한 참상에 대해 반성하면서 불교를 신봉하게 되었다. 그 후 무력 정복을 포기하고 비폭력과 사회적 윤리에 기초를 둔 올바른 삶의 원리요 법인 '다르마불법'에 의한 정복이라는 정책을 펼쳤다.

이에 따라 불교가 일개 종파에서 세계 종교로 비약적인 발전을 하는 기반이 마련되었다. 순종, 절제, 자비, 불살생이 강조되었고 왕이 이를 직접 설교했다. 이 윤리의 준수 여부를 알기 위해 직접 영토를 순찰하고 지방 관리에게 5년마다 순회 감찰하게 했다. 그는 싯다르타가 부처가 된 부다가야의 보리수를 성지 순례 장소로 정하고 마하보디 사원을 짓게 했으며, 사르나트에 자신의 가르침과 사업을 널리 알리기 위한 석주돌기둥를 세우기도 했는데, 이 비문은 판독이 가능한 인도의 고문서 중에서 가장 오래된 것이다. 이로 인해 후대인들은 그의 삶과 업적을 알 수 있게 되었고 석주 머리의 사자상은 현재 인도의 국장이 되었다. 그는 불교 교단 내의 화합을 주장하고 불교 경전을 수집, 정리함으로써 인도 전역에 불교를 확산시켰으며 시리아, 이집트, 그리스, 스리랑카 등 세계 각지에 포교단을 파견했다. 이렇게 무력이 아닌 정법으로 인도를 통치한 그는 전륜성왕 중 철륜왕으로 인식되었다. 전륜성왕이란 불교에서 통치의 수레바퀴를 굴려 세계를 정의와 정법으로 다스린다는 이상적인 제왕을 말한다.

이와 같이 제반 생활양식이 다른 광대한 영토를 불교로 통치하며 지배했던 아소카 왕이 죽은 후 제국은 외침과 남부 제후들의 반란 및 왕위 계승을 둘러싼 암투, 그리고 브라만들의 반발 등으로 쇠약해졌다. 결국 마지막 왕 브리하드라타는 기원전 185년 브라만 출신 최고 사령관 푸샤미트라 슝가에게 살해되었고, 그에 의해 건설된 슝가 왕국기원전 185~기원전 75은 이후 약 1세기 동안 북인도를 통치했지만 마우리아 왕조와 같은 통치력을 발휘할 수는 없었다. 세계사록

욕망남 진시황

 진시황 　　　꿇어ㅋ

 진나라백성 　힘들뮤ㅠㅠㅠ

나, 진시황!

역사상 최초로
중국 대륙을 통일한 남자ㅋㅋㅋ

人數多口來門

 진시황 @jinnaraking

난 멋져ㅋㅋ #대륙갑

 ♥ 첫 좋아요를 눌러보시오!

자~ 어디
나라 한번 다스려볼까~ㅋ?

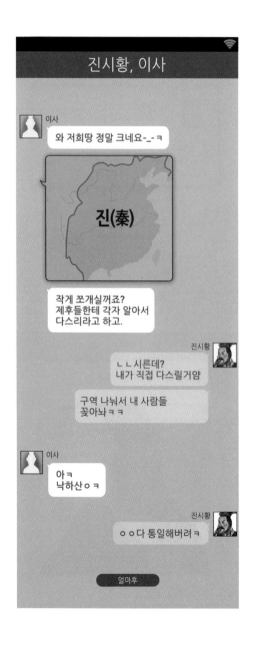

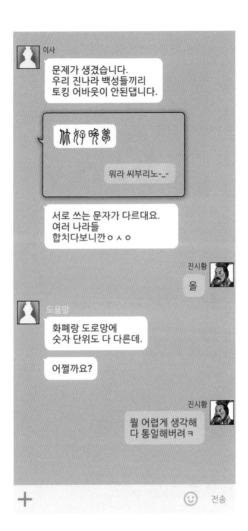

???????

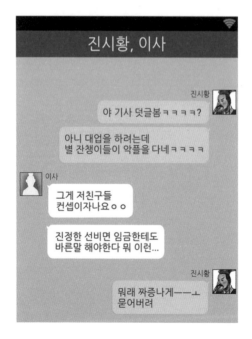

이사

넴 벌주겠습니다ㅇㅇ

진시황

아니
진짜 묻어버리라고ㅋ

#책을_불태우다
#유생을_파묻다
#분서갱유

셋이요

크하하하

음~ 하오하오~
역시 맞아야 정신을 차려요.

댓글(4168개) ㅣ 인기순 ㅣ 최신순

 youga_ma** (유가맨즈)
황제폐하 만세ㅠㅠ
우왕 최고시다...ㅠㅠㅠ

이젠 아무도
나한테 못 대듦ㅋㅋㅋ

크하하하하ㅋㅋㅋ

아무도 나,
진시황을 막을 수 없으셈!

#백성들_갈아넣기
#랜드마크_건설

그랬다고 합니다.

배달왔슴다~~
왜???
만리장성??

• 기원전 221년, 진시황은 10년 동안 6개 국을 모두 정복하고 중국을 처음으로 통일했다.
• 만리장성은 원래 부분적으로 건축되어 있던 것을 진시황대에 이르러 대대적으로 증축한 것이다. 오늘날의 만리장성은 훗날 명나라대에 이르러 완성되었다.

BC 221년경 진나라

아방궁 출처 : Gzy.29, CC BY SA 3.0, 위키백과 공용

기원전   기원후

700   500   300   100   100   300년

기원전
221년
~기원전
206년

진의 통일:
지배는 짧고 통일은 길다

진(秦)

기원전 221년 전국 7웅의 마지막 강자 제나라를 물리친 진은 중국 역사상 최초의 통일 제국이며 그 국명은 지나China로 서방에까지 전파되었다. 함양서안, 시안을 수도로 한 진의 왕 정기원전 259~기원전 210은 자신의 칭호를 중국 전설의 성군들인 삼황오제에서 따온 시황제始皇帝로 정하고 황제지배체제를 확립했다. 그가 14세의 어린 나이로 즉위했을 때에는 외척 여불위가 권력을 장악하고 있었으나 22세 때 친정을 선언, 외척 세력을 제거하며 왕권을 장악한 그의 옆에는 법가사상으로 무장한 이사기원전 284~기원전 208가 있었고 그의 보필을 받은 시황제는 39세에 천하를 제패했다.

강력한 법가주의적 통일을 펼쳤던 시황제의 정책은 법가를 제외한 제자백가의 반대에 부딪혔다. 이에 대해 시황제는 기원전 212년 모든 학술 토론을 금하고 법가 및 의학 등 실용서적을 제외한 모든 서적을 거둬 불에 태웠다분서焚書. 그리고 방사인 노생과 후생이 황제를 비방하고 도망치자 이들을 포함 460여 명을 처형하면서 조정을 비방하고 허황된 말로 백성을 현혹시킨다는 죄목으로 유학자들까지 함께 생매장했다갱유坑儒. 그는 자신의 권위를 과시하기 위해 엄청난 토목공사를 벌였는데, 총 길이 5000킬로미터에 초기 4년 공사 기간에 사망한 사람만 30만 명으로 추정되는 만리장성, 동원 인원 70만에 달하는 진시황릉, 병마용갱과 아방궁 공사가 그 대표이다. 여기에 30만이 동원된 흉노 정벌에, 50만을 동원한 남방 원정 등 대규모 인력 동원은 당시 인구수 2000만 정도로 추정되는 진이 감당할 수 있는 한계를 넘어선 규모였다.

또한 강제 노동의 인적 자원인 죄인을 만들기 위해 가혹한 연좌제를 적용해서, 범법자가 3족 및 같은 마을에까지 연루되어 죄인이 100여 만 명을 넘어섰다. 중국 최초의 농민 반란을 일으킨 진승은 가난한 농민이었다. 만리장성 경비를 위해 각 현에서 징발된 900명의 농민을 인솔하여 가는 도중 장마를 만나 강을 건널 수 없어 정한 날짜에 도착할 수 없었다. 이에 사형당하는 대신 국명을 장초라고 하며 반란을 일으켰다. 이것이 "어찌 왕후장상의 씨가 따로 있겠는가!"라는 구호를 외치며 진 멸망의 불씨를 지핀 '진승·오광의 난'의 시작이었다.

이처럼 무리한 통일 정책과 토목공사, 가혹한 통치의 대명사인 진시황제는 다섯 번째 천하 순행 도중 사구에서 사망했다기원전 210. 천하통일을 이룩하고 불로장생을 꿈꾸었던 중국 최초의 황제였지만 그 시신은 함양으로 돌아오는 중 부패해 절인 생선을 실은 마차로 은폐되는 비운을 겪었다. 그리고 그의 통일 제국은 그의 사망 후 4년 만에 멸망했다.

많은 비판과 한계에도 불구하고 시황제의 통치 스타일은 중국과 동아시아 각국의 전제군주에게 이어지며 통치의 전형으로 남았기에 큰 의의를 가진다. 그로부터 시작된 황제지배체제는 한 번의 중단 없이 청 멸망까지1912 2000여 년 동안 계속되었다. 한나라 때 확립된, 황제의 권위를 나타내는 옥새 제도도 시황제부터 시작된 것이었다. 또한 주대의 봉건제 대신 군현제의 완성을 통한 중앙집권체제의 확립은 국가 통치 방법에서의 획기적인 발전이었다. 전국적인 도로망 건설과 수레바퀴 폭과 문자, 화폐와 도량형의 통일은 중국 각 지역의 경제 문화 교류를 촉진시켰다. 그리고 진의 통일 영토는 만리장성을 경계로 농경지대를 확보함으로써 이후 중국 영토의 범위를 정했다. 북으로 만주, 몽골에서 남쪽으로 인도차이나 반도에 달했던 진의 국경선은 분열과 통일이 교차하는 중국사의 흐름 가운데 확대와 축소가 일어날 뿐 그로부터 형성된 중국 통일 영토의 틀은 계속 유지되어 나갔다. 세계사록

talk 27

다 부질없다

진시황	건강이최고야	
서복	잠수탐ㅋ	

하나요

불로장생의 꿈

▶ 유투부 有投富

[헬스정보] 불법 약물 판매 현장 습격…가짜약 성행

사기1팀   KSC

이포타 (기자)

오늘 오전 중년남성들의 주머니를 노리고 가짜약을 팔던 사기꾼 일당이 검거됐습니다.

[헬스정보] 불법 약물 판매 현장 습격…가짜약 성행

자료화면   수명연장의 꿈   KSC

더 이상 □이 아□다!

왜?

OOO (사기꾼일당)

아버님들, 이것으로말씀드릴 것 같으면… 한 알만 먹어도 10년을 더 살아. 오오…

[헬스정보] 불법 약물 판매 현장 습격…가짜약 성행

KSC

J씨 (피해자)
심경이 어떠세요?
아, 너무 빡치도다. 진짜 하늘이 무너지는 것 같고…

댓글 · 23,095개

 왕심
? 어? 저거 우리 황제폐하 아니야???

 oO모란Oo
헐??? 그러네ㅋㅋㅋㅋㅋㅋㅋㅋㅋㅋㅋ??

 둘이요
사기꾼

그래, 나다! 진시황.
야, 뭐가 구질구질하냐ㅠㅠ?

나 지금은 잘나가지.
중국도 #통일했고, #큰집도 가졌고!

人數多口來門

진시황

꺄르륵 #아방궁 #완공 #행복

♥ 10925명이 좋아하시오!

하지만 늙어 죽으면?
이거 다 두고 가야 하잖아?

싫어싫어ㅠㅠ
오래오래 살고 싶다구우…

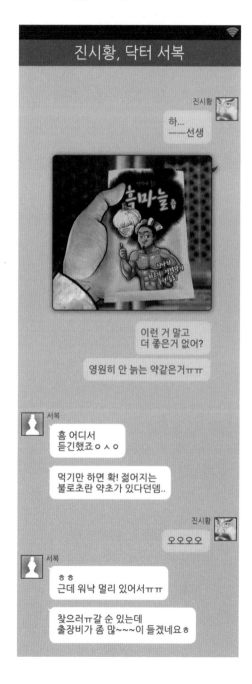

셋이요

사후 준비

하아… 어떻게 됐냐고?
끝내 안 돌아오더라;;; 서복 그 자식!!

정말 이 세상엔
영원히 늙지 않는 약은 없는 거야?

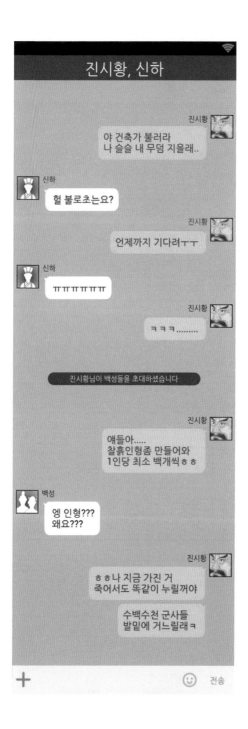

人數多口來門

 진시황　　　📍 내 무덤에서

❤ 2,651,315명이 좋아합니다

사후 준비 중. 나 죽으면 얘네가 내 무덤 지켜줄 거야.
#불로초야_어딨니 #서복_수배중 #찾기만해봐라

 옥란
헐...폐하...할말하않...

 태사진
@옥란 내가 만든것도 나왔내..
잠도 못자구 너무 힘들엇어... ㅜㅜ

 옥란
@태사진 토닥토닥

그랬다고 합니다.

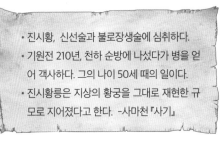

- 진시황, 신선술과 불로장생술에 심취하다.
- 기원전 210년, 천하 순방에 나섰다가 병을 얻어 객사하다. 그의 나이 50세 때의 일이다.
- 진시황릉은 지상의 황궁을 그대로 재현한 규모로 지어졌다고 한다. -사마천 『사기』

BC 210년경 진나라

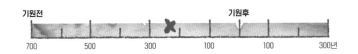

기원전
700   500   300   100

기원후
100   300년

장건, 뜻밖의 여정

장건 　　　　　 인생이란ㅜ

나 장건ㅋ
한나라 최고 외교관이야.

人數多口來問

 장건 @long_gun 　　📍공항에서

❤ 114명이 좋아합니다.

월지국 임금님 만나러 총총
#해외출장

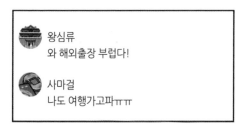

야야, 나
놀러가는 거 아니거든?

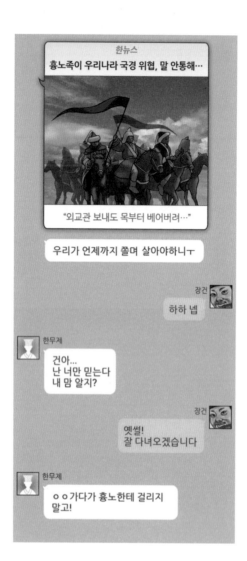

하지만
아니나 다를까.
말이 씨가 된다더니!

해외 출장 갔다가
국제결혼이라니ㅠㅠ

안 돼, 정신차리자!
나에겐 임무가 있다구.

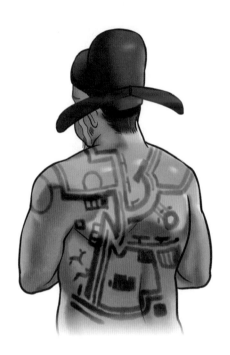

여보, 미안!
#10년만에 #탈출 #프리덤

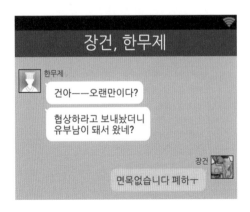

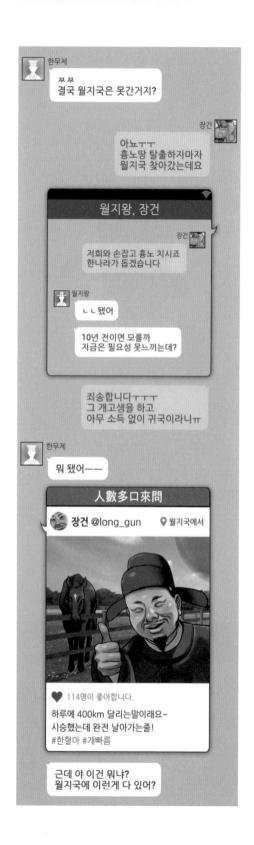

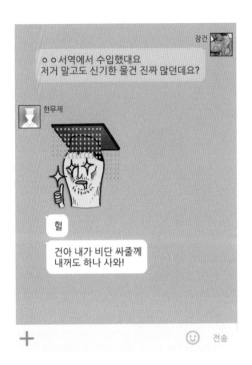

나 장건, 첫 임무는 비록 실패했지만
이제 해외 직구왕이라 불러다오!

#동서교역로 #실크로드

그랬다고 합니다.

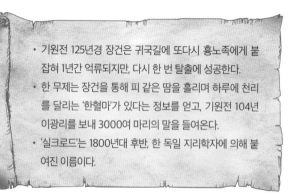

- 기원전 125년경 장건은 귀국길에 또다시 흉노족에게 붙잡혀 1년간 억류되지만, 다시 한 번 탈출에 성공한다.
- 한 무제는 장건을 통해 피 같은 땀을 흘리며 하루에 천리를 달리는 '한혈마'가 있다는 정보를 얻고, 기원전 104년 이광리를 보내 3000여 마리의 말을 들여온다.
- '실크로드'는 1800년대 후반, 한 독일 지리학자에 의해 붙여진 이름이다.

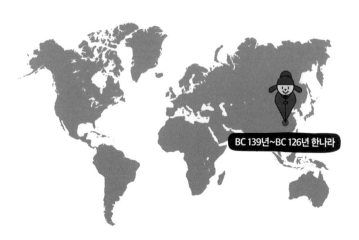

BC 139년~BC 126년 한나라

기원전   기원후

700   500   300   100   100   300년

한 건국과 정치 경제의 발전:
강력한 황제의 정복 전쟁, 비단길을 열다

人數多口來問

🐏 장건 @long_gun 📍 월지국에서

❤️ 114명이 좋아합니다.
하루에 400km 달리는 말이래요~
시승했는데 완전 날아가는줄!
#한혈마 #개빠름

한漢은 진의 뒤를 이어 중국을 재통일한 후 400여 년간 지속된 중국 역사상 가장 수명이 길었던 왕조이다. 양쯔강의 큰 지류인 한수漢水에서 국명이 유래된 한은 이후 2000여 년간 계속된 중국 문화의 기반을 마련하였다. 현재 쓰이는 '한자', '한족', '한문화', '한지' 등 '한'이라는 명칭이 일반화된 것을 보면 그 역사적 위치를 가늠해볼 수 있다. 신新 기원후 8~23 왕조 시대를 기준으로 그 뒤에 다시 세워진 한을 후한後漢이라고 부르면서 신의 앞선 시대는 자연스럽게 전한前漢으로 불린다.

진승의 농민반란이 실패한 후 구 귀족 세력을 대표하는 초패왕 항우기원전 232~기원전 202와 신흥 세력을 규합한 농민 출신 유방기원전 247~기원전 195의 진영이 싸운 4년기원전 206~기원전 202간 초한전의 막이 올랐다. 이 싸움에서 진 타도를 외치며 군사를 일으킨 책략의 귀재 유방이 진의 3대 황제 자영으로부터 항복을 받아낸 데 이어 '역발산기개세'의 장사였던 항우와의 각축전에서 최종 승자가 되었다. 초한전은 '사면초가四面楚歌'라는 한자어와 「패왕별희」라는 경극으로, 또 '장기'의 배경으로 기억된다.

장안서안, 시안을 수도로 삼은 한 고조 유방은 '여민휴식黎民休息'을 내걸며 가혹한 형벌을 폐지하고 진시황의 폭정에 신음하던 민생을 안정시켰다. 또한 '군국제'를 실시해 왕조 초기 왕권이 약한 상황에서 안정을 꾀하고자 했다. 수도와 서부 군사 요충지는 황제 직할지로 삼아 군현제로 통치하고, 나머지는 공신들을 제후로 봉해 제후국을 독립적으로 다스리게 하는 봉건제를 함께 실시하여 공신과 지방 세력을 예우하면서 통제했던 것이다.

그러나 뒤를 이은 문제, 경제 대부터는 제후국에게 압박을 가하며 왕권 강화의 기치를 들었고 이에 반발하여 일어난 '오초 7국의 난'을 평정하면서 한 황실의 위협 세력을 제거했다. 그 후 한의 최고 발전기를 이루는 황제가 한 무제기원전 156~기원전 87이다. 16세의 나이로 황제가 된 유철은 54년간 통치하면서 고대 중국의 가장 화려한 시기를 만든 인물이다. 그는 황제를 상징하는 연호제를 최초로 제정기원전 140했고 전국적으로 군현제를 실시하여 강력한 중앙집권 통치로 황제권을 강화했다. 이 당시 경제적으로도 철제 농기구가 널리 사용되면서 농업 생산량이 증가하고 화폐 '오수전'이 유통되는 등 상공업 또한 발달했다. 정치적 안정과 회복된 경제력을 기반으로 한 무제는 대외적으로 활발한 정복 전쟁을 펼쳤다. 남으로는 복건, 광동 지방, 남월을 정복기원전 112해 남해 9군을 설치하고 월남 북부까지 차지하여 이후 1000년에 이르는 중국의 월남 북부 복속이 시작되었다기원전 111. 동으로는 위만조선을 멸망기원전 108시키고 한 4군을 설치하기도 했다.

이 시기 동서 교류사에 있어 큰 의의를 가진 역사적 사건이 흉노 정벌과 함께 이루어졌다. 그 시작은 무제가 흉노 정벌에 앞서 흉노와 적대적 관계에 있는 서역 국가와 동맹을 맺고자 한 것이었다. 당시 흉노는 뛰어난 기마 전술을 활용하여 수시로 중국을 압박하고 있었다. 이에 흉노를 협공하자는 제안을 가지고 서역의 대월지로 파견된기원전 139 장건기원전 200~기원전 114으로 인해 아시아 대륙을 통과하여 유럽으로 연결되는 길, 일명 '비단길'이 열렸다. 장건은 흉노에게 잡혔다가 도망친 대월지에서는 쫓겨났고 다시 흉노에게 잡혔다가 돌아왔기 때문에 월지국과의 동맹이라는 원래 목표는 달성하지 못했다. 부하 100여 명을 이끌고 출발했던 그는 13년 만에 부하 한 명과 여행 중 얻은 처자만 데리고 돌아왔다. 그러나 그가 다녀옴으로써 본격적으로 알려진 '비단길'은 동서 문물 교류의 중요한 통로 역할을 하게 된다. 당시 대원국인 페르가나뿐 아니라 대월지, 그리고 파르티아안식국, 박트리아대하 등 서역 수천 리 바깥에 그동안 알지 못했던 여러 강대국들이 있을 뿐 아니라 중국에 관심을 가지고 있다는 보고는 한 조정에 큰 충격을 주었고, 이에 무제는 그의 공적을 높이 평가하여 태중대부로 승진 발령 냈다.

이후 한은 적극적으로 교역로의 관리에 착수하기 시작했는데 장안에서 출발하여 로마까지 이르는 이 길은 불교를 비롯한 많은 동서양의 물산들이 교류되는 통로로서 위대한 역사적 역할을 감당하게 된다. 비단길Silk Road이란 용어를 처음 쓴 사람은 독일의 지리학자 페르디난트 폰 리히트호펜1833~19050이다. 그는 1869년부터 4년 동안 중국 각지를 답사하고 5권에 걸친 『중국China』1877~1912을 집필했다. 비단길이라는 이름에서 보듯 이 길을 통해 중국의 비단이 로마 제국으로 흘러간 대표적 물품이었다. 그러나 비단길은 비단 외에도 다양한 문물과 사람, 삶들이 오가면서 초원길, 바닷길과 함께 동양과 서양을 이어준 역사적인 길이 되었다. 세계 사톡

동서 교통로

베네치아
로마
콘스탄티노폴리스
흑해
아스트라한
티나이스
아랄해
탈라스
텐산산맥
카스피해
사마르칸트
소륵
(카쉬가)
지중해
안티오크
모술
이란고원
테헤란
페르티아(안식국)
델리
알렉산드리아
베이루트
바그다드 바스라
페르세폴리스
모헨조다로
카이로
페르시아만
호르무즈
카라치
바리가자
메디나
무스카르
메카
홍해
아프리카
아덴
아라비아해
캘리컷
말린디
잔지바르
인도양

초원길

역사상 가장 먼저 이용된 교통로 북위 50도를 따라 중국의 만리장성 이북, 몽골 고원에서 알타이 산맥과 중가리아 초원을 거쳐 카스피 해에 이르는 길이다. 기원전 6, 7세기경 스키타이가 오리엔트의 영향을 받은 금속 문화를 몽골을 거쳐 북중국에 전파한 이후 본격적인 동서 교통로가 되어 2세기경까지 활발히 이용되었다. 비단길이 열리면서 그 중요성은 감소하였으나 진·한대의 흉노, 남북조 시대의 선비·유연, 수·당대의 돌궐·위구르, 송대의 거란·몽골 등 북아시아 유목 민족들의 이동과 그에 따른 문물 교류는 이 길을 따라 이루어졌다.

남러시아(돈강) - 카자흐스탄 - 알타이산맥 - 하라호름(카라코룸)

이맥

카라코룸

하얼빈

몽골고원

베이징

둔황

간저우(장예)

동해

란저우

뤄양

황해

장안(시안)

양저우

라싸

후한

항저우

윈난

광저우

동중국해

교지(하노이)

취안저우

양곤

남중국해

믈라카 해협

싱가포르

잠비

사막길(비단길)

한 무제 시기(BC 139년~BC 126년) 흉노 견제를 위해 장건을 대월지로 파견한 과정에서 개척되었다. 장안(시안)을 출발하여 톈산 남북로를 통과 중앙아시아의 오아시스 지대를 지나 바그다드를 거쳐 지중해에 이르는 북위 40도를 따라 발달한 교역로이다. 이 길을 통해 중국의 비단이 로마에까지 수출되었으며, 헬레니즘 문화의 영향을 받은 간다라 미술이 중국과 우리나라, 일본으로 전파되었다. 아라비아의 말, 각종 보석, 호도, 포도, 모피가 중국으로 들어왔고, 중국의 차, 도자기, 제지술 등이 서양으로 전파되었다. 또한 페르시아(이란) 문물과 서양 음악의 수입 통로이기도 했던 이 길로 많은 도래승과 구법승이 왕래하였다. 중국 중앙 통치가 약화되었을 때에는 이용이 원활하지 못하기도 했으나 개척된 이래 부분적으로라도 항상 이용되었고 특히 원대에는 군사 도로로 사용되었다. 이 길 위에 세워진 오아시스 도시들은 중개 무역으로 번성하였다.

로마 - 시리아 - 이란고원 - 톈샨산맥 - 몽골고원 - 시안

바닷길

중국 동남해안에서 동남아시아와 믈라카(말라카) 해협을 거쳐서 인도양과 페르시아만까지 이르는 해상 교역로이다. 기원전부터 이 길을 이용하던 인도인에 의한 불교와 힌두교 전파 이후 동남아시아에 다양한 문화들이 전파되는 통로가 되었다. 중국 당·송·원대에 아라비아인의 활동으로 본격적인 해상 무역 시대가 열리면서 그 이용이 더욱 활발해졌다. 아라비아인은 이슬람교, 과학기술, 향료 등을 중국에 전하고 중국의 비단, 차, 도자기 등을 가져갔고 이 과정에서 동남아시아에 이슬람교와 중국 문화도 전파되었다. 명대 정화의 남해 원정이 이루어지기도 했던 이 길은 신항로 개척 이후 유럽인들에 의해 장악되면서 문화 교류보다는 제국주의 침략의 길로 사용되었다.

메소포타미아 - 페르시아만 ─┐
알렉산드리아 - 홍해 ─┴ 아라비아해 - 동남아시아

소중이와 맞바꾼 사기

사마천　　　　　ㅠㅠ

하나요

불똥

ㅠㅠㅠ얘들아…

너네 논란중인 이슈거리에
함부로 댓글 달고 그러지 마.

그러다가 순식간에 역공 맞는다?
나처럼ㅜㅜ

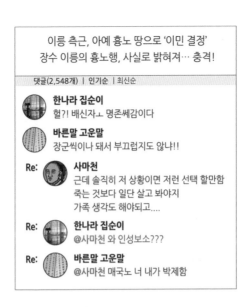

이릉 측근, 아예 흉노 땅으로 '이민 결정'
장수 이릉의 흉노행, 사실로 밝혀져… 충격!

댓글(2,548개) | 인기순 | 최신순

한나라 집순이
헐?! 배신자ㄴ 명존쎄감이다

바른말 고운말
장군씩이나 돼서 부끄럽지도 않나!!

Re: **사마천**
근데 솔직히 저 상황이면 저런 선택 할만함
죽는 것보다 일단 살고 봐야지
가족 생각도 해야되고....

Re: **한나라 집순이**
@사마천 와 인성보소???

Re: **바른말 고운말**
@사마천 매국노 너 내가 박제함

패기 있게 소신껏 댓글 단 건데.
비난 여론이 나한테 몰리네?

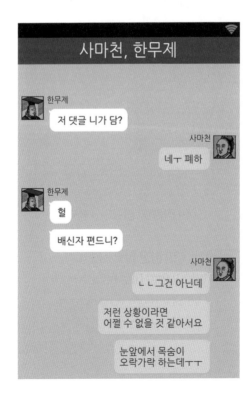

사마천, 한무제

한무제
저 댓글 니가 담?

사마천
네ㅜ 폐하

한무제
헐

배신자 편드니?

사마천
ㄴㄴ 그건 아닌데

저런 상황이라면
어쩔 수 없을 것 같아서요

눈앞에서 목숨이
오락가락 하는데ㅜㅜ

아 이런 게 어딨어ㅜㅜㅜㅜ

말 한번 잘못했다가
불똥이 엄한 데로 튀었네ㅜㅜㅜㅜ
안 돼ㅜㅜㅜㅜㅜㅜㅜㅜㅜㅜㅜㅜㅜ

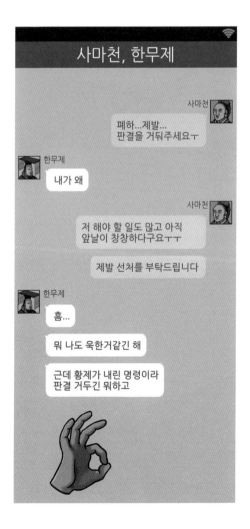

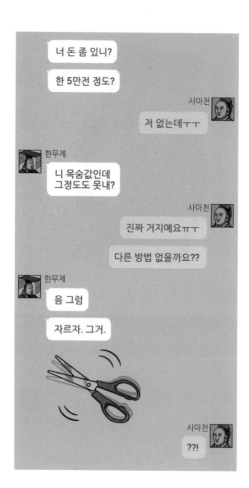

셋이요

유언

으아니…!
내가… 내가 고자라니…!

아…
너무 아프고 속상하다…

하지만 내겐 무슨 일이 있어도
꼭 해야만 하는 일이 있어!!

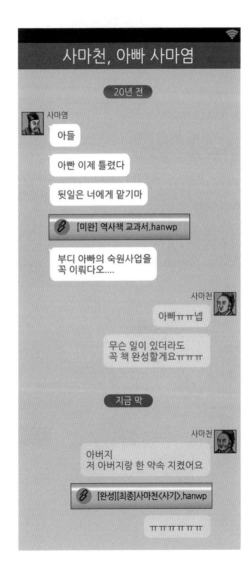

#소중이와_맞바꾼
#역사책 #『사기』

그랬다고 합니다.

- 사마천, 흉노에 항복한 한나라 장수 이릉의 편을 들다. 한 무제의 노여움을 사다.
- 사형, 거금 납부, 궁형(거세) 중 하나의 형벌을 받아야만 하다. 돈이 없는 관계로 궁형을 택하고 목숨을 부지하다.
- 아빠 사마염의 유언을 지키기 위해 궁형을 당하면서까지 역사책을 집필하다. 그렇게 완성된 책이 『사기』

BC 91년 한나라

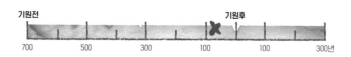

한의 문화와 쇠퇴:
중국 고전 문화, 그 완성으로 가는 길에서

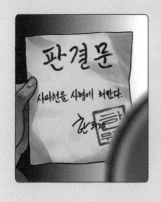

한의 최고 전성기를 누렸던 무제는 황제 지배 체제를 뒷받침하기 위한 사상이 필요했다. 이에 당시 대 유학자인 동중서기원전 179~기원전 104의 건의에 따라 유학을 국학으로 채택했다. 이로써 유학은 사상에서 종교로 자리매김한다. 봉건제도를 강조하고 군주의 전제권력을 부정했던 진 이전의 유가와 달리 한의 유교는 군주권의 강화, 엄격한 법질서의 집행을 강

조한 법가 사상을 비롯한 여러 사상을 흡수하며 발전했다. 무제는 법가적 황제 지배체제에 유가적 통치이념을 접목시킴으로써 중국 황제체제를 정치와 사상 면에서 완성시켰다.

여기에 유가의 경서를 연구하는 '오경박사', 국립대학격인 '태학'을 설치하여 지배층 자제와 인재들에게 유가 경전을 교수했다. 태학 학생 수가 3000명에 육박하고 졸업생들이 관료로 진출하면서 국가 관료직을 독점하게 되었다. 이처럼 유교 이념에 밝은 학자가 관리로 등용됨에 따라 근대에까지 계속되는 유교주의적 왕도정치가 시작되었으며 유교는 국가 통치이념으로서 뿐만 아니라 중국인의 일상에까지 영향을 끼치게 된다.

한 무제 시기 또 다른 탁월한 유산은 사마천기원전 145~기원전 86이 편찬한 『사

기』이다. 사마천은 흉노 토벌에 나섰다 항복한 장군 이릉에게 대노한 무제가 그 가족을 극형에 처할 것을 명하자 이릉의 억울함을 변호하다 궁형을 당했다기원전 99. 그러나 사마천은 그런 치욕을 감수하면서도 장장 16년에 걸쳐 52만 자에 이르는 『사기史記』 130권을 집필기원전 91해 역사상 큰 업적을 남기게 된다. 『사기』는 중국의 신화 시대부터 한 무제까지 2000여 년간을 다룬 역사서로 주 왕조의 멸망과 전국 7웅의 흥망성쇠 과정을 중심으로 기록한 것이다. 제왕의 일대기를 '본기'로, 제후의 사적을 '세가', 신하의 활동을 '열전'으로 분류하고 이밖에 '표연표'와 제도 풍습을 '서'에 기록한 '기전체紀傳體' 방식의 역사 서술은 이후 동양 정사 서술의 기본이 되었다. 『사기』는 진시황의 분서갱유 이후 최초로 기록된 정사로, 진을 지나며 중국사에서 잊혔던 영웅들을 부활시켰다는 데에도 의의가 있다.

이 같은 맥락에서 한 유학에는 '훈고학訓詁學'적 학풍이 유행했는데, 유학 서적을 수집 정리하면서 유가 경전을 복원하고 복원된 곳에 주석을 붙였다. 이는 진시황의 분서갱유로 인해 경전이 소실된 탓도 있지만 진 이후 한자에 근본적인 변화가 생겨 바로 앞 세대 경전조차 읽기 어려워진 이유도 있다. 한자는 주대에 갑골문, 금석문 등이 정비돼 '전서' 서체가 만들어졌고 승상 이사가 이를 더욱 간소화했다. 그러자 옛 문자로 기록된 고전들을 읽지 못하는 상황이 발생했다. 한 대에 이르러 '전서'를 개량한 '예서'를 내놓으면서 문자 생활은 훨씬 간편해졌으나 고전 이해에 대한 어려움이 더욱 가중되었다. 이에 유교 경전의 자구를 해석하여 본래의 사상을 충실하게 이해하려는 훈고학이 유행한 것이다.

한편 잦은 대외 원정으로 국가 재정은 궁핍해졌고 무제는 이를 극복하기 위해 통제 경제 정책을 펼쳤다. 중농억상 정책을 시행하면서 소금, 철을 국가에서 전매하여 재정을 보충하는 염철 전매제도와 균수법, 평준법을 실시했다. 이러한 경제 정책은 국가 재정 기반을 확보하는 정책으로 이후 많은 왕조들의 모범이 되기도 하나 한편으로는 상업 활동을 위축시켰다. 또한 소금, 철 등 생활필수품 전매로 상품의 암거래가 조장, 오히려 상인의 폭리를 가져와 농민의 몰락을 초래했으며 이는 한이 쇠퇴한 이유가 되기도 했다. 세계사록

기원전
108년
~기원후
1세기

고조선의 멸망과 초기 국가 시대:
삼국 시대로 가는 주춧돌이 놓이다

청동기 시대 말기인 기원전 5세기에서 기원전 4세기경 초기 국가 형태로 발전했던 고조선은 요동에서 넘어온 위만에 의해 새로운 시대를 맞이했다기원전 194. 위만조선은 중국의 선진적 철기 문화를 수용해 보다 강력한 국력을 갖췄다. 특히 정복 사업을 전개하여 영토 국가를 이룩하고 남방의 진국삼한이 한과 직접 교역하는 것을 막아 동방 무역의 이득을 독점하고자 했다. 이에 당시 대외 정복에 앞장섰던 한 무제는 동방 무역의 이득 획득과 위만조선이 흉노와 손을 잡는 것에 대한 우려로 조선을 공격하였다. 조선군은 대륙 양면으로 침략한 한의 대군을 맞아 1년 동안 버티다 주화파의 항복과 우거왕의 피살로 왕검성이 함락되면서 멸망기원전 108했다. 나라를 잃은 고조선 유민들은 인근 지역으로 흩어져 같은 한민족 국가인 부여 등지로 흘러 들어갔다. 한은 위만조선을 무너뜨린 후 낙랑, 진번, 임둔, 현도의 4군을 설치하고 군 밑에 현을 두어 한인 군 태수와 현령을 보내 통치했다. 이들은 토착 사회 분열 정책을 시행해 한 지배에 대한 저항을 차단하고자 했다. 그럼에도 한 군현의 정치적 경제적 지배는 토착민들의 자각을 가져와 저항 의식을 불러 일으켰고, 이는 토착 사회의 정치력을 발전시키는 요인이 되었다. 고구려, 옥저, 동예, 진국 지역에서의 군현 축출을 위한 정치력 결집은 당시 그들 내부의 정치력을 높여 초기 국가 성립의 계기를 마련하였다.

이러한 시대적 상황을 배경으로 만주와 한반도에서는 초기 국가들이 등장하기 시작한다. 부여는 만주 쑹화강 유역의 넓은 평야지대에서 성장하여 고조선에 이어 두 번째로 초기 국가를 형성했다. 기원전 2세기~기원전 1세기경 국가 형태를 갖춘 부여는 『삼국지』 「위지 동이전」에 기록되어 있는 내용에 따르면, 국왕 아래 마가, 우가, 저가, 구가와 같은 관리들이 사출도를 다스리며 독립적인 세력을 유지하던 5부족 연맹 국가였다.

고구려는 기원전 37년 압록강 중류 동가강 유역에서 건국되었다고 기록되었는데, 초대 국왕은 고주몽으로 부여에서 피신해 온 활을 잘 쏘는 왕족 출신의 22세 청년이었다. 그 지역에 설치되었던 현도군이 기원전 75년 만주로 물러난 것은 이미 그 시기에 고구려가 초기 국가로 발전했다는 것을 보여준다. 고구려에는 5부가 존재하고 있었는데 가장 강력했던 계루부에서 대군장이 나오고 다른 부들을 복속시켜 초기 국가로 발전했다. 상가, 고추가, 대로, 패자 등 관직이 있고 왕이 존재하나 5부의 대가들도 각기 사자, 조의, 선인 등 관리들을 두어 여전히 자치권을 가지고 있었던 국가였다.

백제는 마한의 54개 군장 국가 중 하나였던 백제국이 목지국으로부터 주도권을 이어받아 세운 초기 국가이다. 한강 유역에 자리 잡은 까닭에 북에서 내려온 유이민으로부터 철기 문화를 수용하면서 빠른 사회 발전을 이루어 기원 전후 이미 초기 국가의 형태를 이루었다. 『삼국사기』의 건국 전설에 의하면 기원전 18년 주몽의 아들 온조가 남으로 내려와 하남 위례성에 도읍을 정하고 나라를 세웠고 이것이 백제였다고 한다. 풍납토성을 쌓고 세력을 규합한 이들은 서해안을 통한 해상 활동에 주력했다.

진한 12개 국 중 사로국도 군장 국가의 하나였다. 경주평야에 있던 6촌 중 하나인 사로국은 한반도의 동남쪽에 치우쳐 있었으나 북쪽의 유이민들로부터 철기 및 선진 문화를 받아들여 기원후 1세기 후엽 국가 형태를 갖추었다. 『삼국사기』에 따르면 기원전 57년 박혁거세가 6촌장의 추대를 받아 거서간에 오르고 나라를 세웠다고 한다.

이처럼 당시 한반도에는 군장 국가에서 발전하여 정복적 영토 국가를 지배하기 위한 국왕이 출현하고 국가조직이 성립된 연맹 왕국과 같은 초기 국가의 형태가 등장하고 있다. 국왕은 여러 군장 국가를 통합하고 이를 통치하기 위한 지배기구를 갖추고 관료를 두었으나 여전히 군장 세력은 잔존하고 권한을 유지하고 있어 국왕 권력은 그들에 의해 제약을 받기도 했다. 만주와 한반도 각지에서 성장했던 정치세력 가운데 초기 국가의 발전에 성공한 것은 고조선, 부여, 고구려, 백제, 신라였다. 그러나 초기 국가를 이룬 여러 나라들도 고대 국가로 모두 순조롭게 발전하지는 못한다. 고조선은 한 무제에게 멸망했고 부여는 인접한 고구려에 병합됨으로써 고구려, 백제, 신라만이 고대 국가로 발전하며 삼국 시대를 열게 된다. 세계사록

〈만주와 한반도의 초기 세력〉

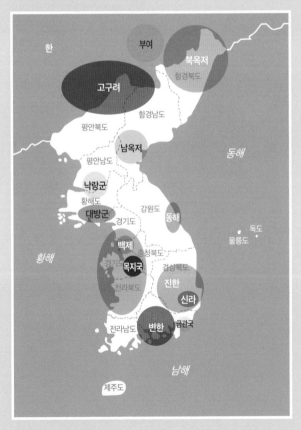

5부

팍스 로마나와
고대 문화의 전성기

서기 1 전후 》 300 전후

유비

황건적 뚜까패러 갑니다
함께할 지원자 구해요~

단 신체 건강하신 분만~

사마천

천무룩...

 관우

큰형님따라 참가요

 장비

형님들 가는데 동생도 가야죠ㅋㅋ

아우구스투스

ㅉㅉ우리 로마는 이제 싸움 안해~

싸움 끝나면 연락해라ㅎ
사우나 하러가자ㅋㅋ

입장료는 비단ㅇㅋ?

＋   ☺ 전송

talk 30

조로아스터교를 줬더니 종교줍

🔥 조로아스터교　　♨_♨

🧔 마니교　　　　　데헷

I

지구 종말

어느 날 갑자기
지구에 종말이 온다면
뭐부터 할래?

지구 종말　　　　　　🔍
지구 종말 예언
지구 종말 언제 오나요
지구 종말 카운트다운
2000 지구 종말
노스트라다무스 지구 종말
내일 지구 종말

뭘 하든 그 동안
착한 일은 많이 해뒀나 몰라.
#그분이 오실 텐데.

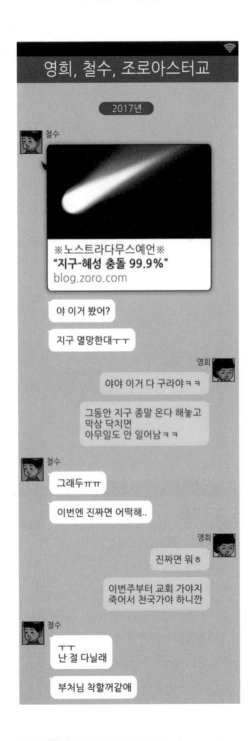

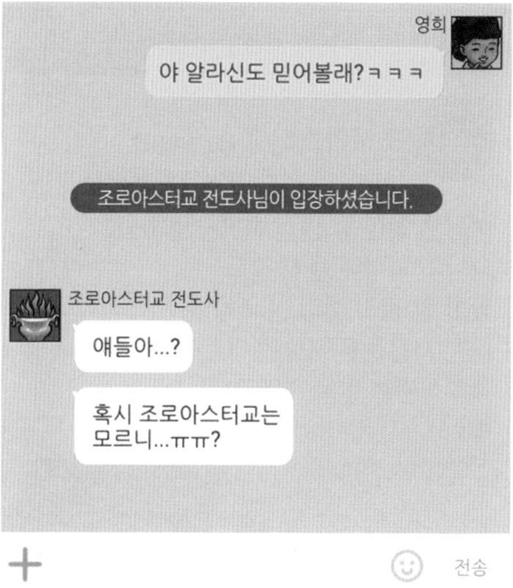

야 알라신도 믿어볼래?ㅋㅋㅋ

조로아스터교 전도사님이 입장하셨습니다.

조로아스터교 전도사

얘들아...?

혹시 조로아스터교는
모르니...ㅠㅠ?

\+   ☺ 전송

Ⅱ
퍼가요

아 왜ㅠㅠ 맨날
예수님 부처님 알라님이야?

우리 아후라 마즈다님
아는 사람 정말 없니???

#천사와악마
#최후심판 #구세주
#천국 #지옥

이런 거 다
우리 조로아스터교가 먼저야!!

다른 종교들은
설정만 빌려간 거라구ㅠㅠ

조로아스터교 @zoroast

여러분 착한 일 많이 하고사세요~
사탄의 시험에 들지 않고
착한 일 많이 해야 천국 갈 수 있습니다!
나쁜 사람들은 나중에 아후라 마즈다님의
최후심판을 받을 거예요(찡긋)
#천국 #지옥

👍 4,924명이 좋아합니다

 유대교
퍼가요~♡

 기독교
퍼가요~♡

 마니교
@기독교 퍼가요~♡

 불교
퍼가요~♡

 마니교
@불교 퍼가요~♡

 이슬람교
퍼가요~♡

마니교
퍼가요~♡

조로아스터교
@마니교 이분 뭐죠?ㅎㅎ
조로아스터교 기독교 불교 다 퍼가시네~

마니교
@조로아스터교 ㅋㅋ잘부탁해요~

Ⅲ 마니

나 열심히 했어.
우리 조로아스터교 알리고
신도들도 팍팍 모으고.

근데… 음…
운명은 장난꾸러기더라ㅎㅎ

~사산 왕조 페르시아~

페르시아 샤
오늘 뉴스발표 봤어?

[기사]
샤, 조로아스터교 국교로 인정…
백성들 많이 믿었으면…

*샤 = '왕', '지배자'를 뜻하는 페르시아어.

ㅊㅋㅊㅋ

조로아스터교
오오오ㅗㅇㅇ옹오

감사합니다 폐하ㅠㅠㅠㅠㅠ

더 열심히 전도해서
백성들 하나로 모을께요

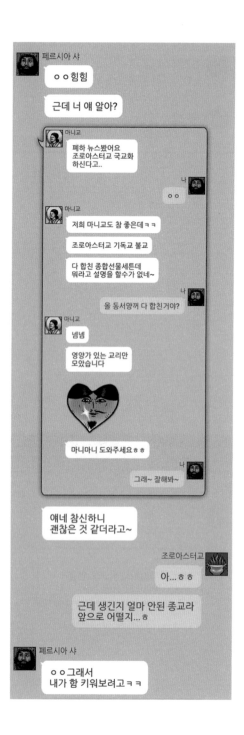

아니교에 특별포교권 허락

괜찮지?

조로아스터교

아...뭐...

네....ㅠㅠ

전송

"마니교, 조로아스터교의 교세를
위협할 정도로 성장하다."

"창시자 마니, 조로아스터교 사제와
대립하다 감옥에 갇혀
죽음을 맞이하다."

그랬다고 합니다.

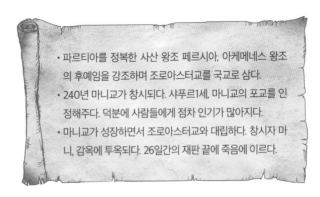

- 파르티아를 정복한 사산 왕조 페르시아, 아케메네스 왕조의 후예임을 강조하며 조로아스터교를 국교로 삼다.
- 240년 마니교가 창시되다. 샤푸르1세, 마니교의 포교를 인정해주다. 덕분에 사람들에게 점차 인기가 많아지다.
- 마니교가 성장하면서 조로아스터교와 대립하다. 창시자 마니, 감옥에 투옥되다. 26일간의 재판 끝에 죽음에 이르다.

사산 왕조 페르시아 전반

기원전　　　기원후

300　　　100　　　100　　　300　　　500　　　700년

226년
~
651년

사산 왕조 페르시아:
이란의 영광으로 로마 제국의 위협이 되다

서아시아를 통일했던 아리아인의 나라는 아케메네스 왕조 페르시아에서 그 영광
이 시작되어 헬레니즘의 영향을 받은 파르티아로 이어졌다. 박트리아의 지배 세
력은 그리스인이었지만 파르티아는 이란 계열 민족에 의해 지배되었다. 그러나
서부 이란 지역에서 통치 기반을 굳힌 파르티아의 장군 아르다시르는 헬레니즘
화한 국가가 아닌 진정한 아리아인의 왕조를 세우겠다는 기치를 내걸고 동부 부
족들을 정복했다. 그에 의해 226년 파르티아는 멸망했고 파르스를 수도로 한 사
산 왕조 페르시아가 건국되었다.

아르다시르는 자신을 '이란족의 왕 중 왕'이라 칭하고, 세계를 지배했던 고대
아케메네스 왕조의 후예로 그들의 옛 영화를 되찾겠다고 선포하며, 로마 지배하
의 페르시아만 연안과 이란 서부를 정복해 다리우스 황제의 영토를 회복했다.
또한 그는 조로아스터교를 국교로 지정하며 페르시아 재건에 앞장섰는데 왕조
이름인 '사산'도 조로아스터교의 아나히드 여신의 사제인 사산으로부터 유래한
것이다. 불과 빛의 숭배 의식과 아후라 마즈다에 대한 경배 의식이 강조되면서
체계적인 종교로 발전한, 당시 조로아스터교의 최고 사제는 종교를 관할할 뿐
아니라 왕위 계승자의 선정과 국사에도 중요한 역할을 수행했다.

그의 아들 샤푸르 1세는 영토를 더욱 확장해 로마를 위협할 정도의 위세를 떨
쳤다. 수차례에 걸친 로마와의 전쟁에서 로마 황제 고르디아누스 3세238~244
를 전사시켰고, 발레리아누스253~260를 포로로 잡았다. 샤푸르 1세가 로마에 승

전한 것을 기념해 건설된 도시 비샤푸르에는 발레리아누스가 포로로 잡혀 무릎을 꿇고 항복하고 있는 샤푸르 1세의 전승도가 있다. 석벽에 돋을새김으로 새겨진 높이 8미터, 가로 15미터나 되는 이 웅장한 그림은 당시 사산 왕조의 위용을 현재까지도 보여주는 흔적이다. 서로는 시리아와 에데사, 동으로는 인도 쿠샨 왕조의 서쪽까지 넓힌 사산 왕조의 영역은 샤푸르 1세 치세 당시 행정력이 효율적이고 군사력이 막강했음을 보여준다. 그는 '이란족과 비非이란족의 왕 중 왕'이란 칭호를 사용했는데 이 칭호는 사산 왕조 말기까지 지속되었다.

또한 샤푸르 1세 시기에는 조로아스터교에서부터 새로운 종교가 창시되어 보호받았다. 조로아스터교의 일파로 기독교와 불교를 융합시킨 이원론적 종교인 '마니교'가 그것이다. 창시자 마니216~274는 파르티아 왕족의 후손이었지만 이란어를 사용했다. 그가 241년 창시한 마니교에서는 세상을 '빛과 어둠', '선과 악', '정신과 물질'의 대립 구조로 보고 정신을 물질의 굴레로부터 해방시켜야 한다고 주장했다. 마니는 샤푸르 1세를 개종시키고 그의 비호 아래 이란과 외부 지역까지 마니교를 전파할 수 있었다. 그러나 그는 274년 조로아스터교 승려의 공격을 받은 뒤 샤푸르의 아들 바흐람 1세의 명으로 투옥되었다가 재판을 받고 화형에 처해졌으며 신자들은 박해를 받았다. 그 후 마니교는 호라산 지역과 사산 왕조의 동부 및 중앙아시아에서 명맥을 유지했다.

바흐람 1세에 이어 바흐람 2세 때에도 사산 왕조 페르시아는 끊임없이 로마의 영토를 침공하며 로마를 압박했다. 그러나 바흐람 2세의 사후293 왕위 계승 문제로 내분이 일어나 로마와 가장 치열한 영토 분쟁 지역이었던 아르메니아는 로마의 수중에 떨어졌고296, 아르메니아와 로마에서 기독교화가 진행됨에 따라 페르시아와 로마 사이의 전쟁은 종교적 분쟁이 되었다. 이들의 계속된 분쟁으로 남쪽 아라비아 반도를 지나는 새로운 교역로가 열리면서 그 중심지가 이슬람교 탄생의 메카가 된다. 세계사독

로마로운 평화나라

옥타비아누스   잘살아보세~

1인자

대장이 되면
명함부터 새로 파는 법.

나 옥타비아누스
얼마 전에 원로회에서 명패 받았다ㅋ

로마스타그램

옥타비아누스 @octavianus

♡ 6,458명이 좋아합니다.

옥타비아누스 - 뭐 이런걸 다ㅎ
#개명 #콜미 #아우구스투스

아우구스투스가
존귀한 사람이란 뜻이라며?
쿨…ㅋㅋㅋㅋㅋㅋㅋ

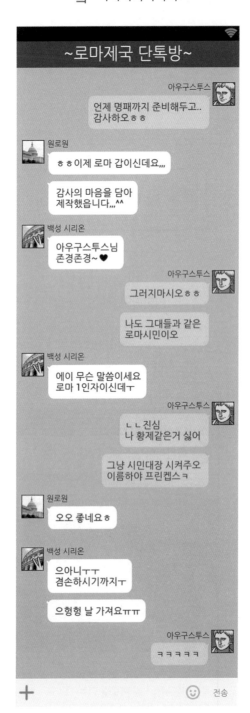

~로마제국 단톡방~

아우구스투스
언제 명패까지 준비해두고..
감사하오ㅎㅎ

원로원
ㅎㅎ이제 로마 갑이신데요,,,

감사의 마음을 담아
제작했읍니다,,,^^

백성 시리온
아우구스투스님
존경존경~♥

아우구스투스
그러지마시오ㅎㅎ

나도 그대들과 같은
로마시민이오

백성 시리온
에이 무슨 말씀이세요
로마 1인자이신데ㅜ

아우구스투스
ㄴㄴ진심
나 황제같은거 싫어

그냥 시민대장 시켜주오
이름하야 프린켑스ㅋ

원로원
오오 좋네요ㅎ

백성 시리온
으아니ㅜㅜ
겸손하시기까지ㅜ

으형헝 날 가져요ㅠㅠ

아우구스투스
ㅋㅋㅋㅋㅋ

전송

U

하~ 그래,
사람이 겸손해야지.

그래서인가?
신들께서도 우리 로마를
보살펴주시나봐ㅎㅎ

내가 다스리긴 하지만,
크하~ 우리 로마 진짜 살기 좋다?

날씨 좋아서 농작물 잘 크지~
땅 먹을 만큼 먹어서 전쟁도 안 하지~

거기다 지갑도 빵.빵.빵ㅋㅋㅋ

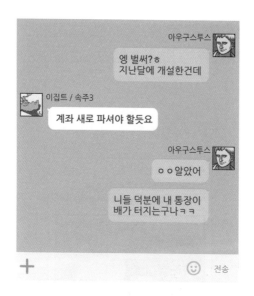

ㅋㅋㅋㅋㅋㅋㅋㅋㅋㅋㅋ
짜릿해! 늘 새로워!

하고 싶었던 거 다 해야지.
크하하항항ㅎㅎㅎㅎㅎ

~로마제국 단톡방~

아우구스투스

프켑입니다

백성여러분 밥은 먹고 다니시나?

아우구스투스 님의 선물 :

'30가지 반찬의 도시락' 기프티콘
"니가 뭘 좋아할지 몰라서 다 넣어봤어~"

※ 수량은 무제한 / 원하는 만큼 드세요.

백성 시리온

헐 감사합니다

다음날

아우구스투스

로마 상비군 모집

4대보험
연봉 최우대
집 제공

전쟁 줄어서 백수된 군인분들~
경비업체 그만 가시고
국군정예군 되십시오 대우보장

"아우구스투스 이후
약 200년간 로마의 평화시대가 펼쳐지다."

#팍스로마나 #로마_전성기

그랬다고 합니다.

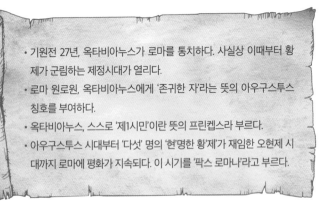

- 기원전 27년, 옥타비아누스가 로마를 통치하다. 사실상 이때부터 황제가 군림하는 제정시대가 열리다.
- 로마 원로원, 옥타비아누스에게 '존귀한 자'라는 뜻의 아우구스투스 칭호를 부여하다.
- 옥타비아누스, 스스로 '제1시민'이란 뜻의 프린켑스라 부르다.
- 아우구스투스 시대부터 '다섯' 명의 '현'명한 황'제'가 재임한 오현제 시대까지 로마에 평화가 지속되다. 이 시기를 '팍스 로마나'라고 부르다.

BC 27년 ~ AD 180년 고대 로마

기원전　　　　기원후

300　　　100　　　100　　　300　　　500　　　700년

기독교의 탄생:
기독교인과 유대인이
선택한 다른 길

33년 로마 속주 유대에서 예수가 십자가형을 받고 생애를 마감했다. 그는 3년 간 유대교단의 타락과 교리의 한계를 비판하고 여호와 신앙의 세계화와 보편적 인류애를 주창해 유대 민중 사이에서 큰 반향을 불러일으켰다. 이에 위협을 느 낀 유대교단이 그를 로마에 대한 반란죄와 신성 모독죄로 고발했고 유대 재판 소인 산헤드린이 사형을 선고한 것을 로마 총독 빌라도가 받아들임으로써 사형 이 집행됐다. 그러나 사망 3일 만에 예수의 무덤에서 시신이 사라진 부활 이후 그의 제자들은 예수의 명령을 따라 해외로 진출했다.

이후 예수파는 유대의 작은 종파로부터 세계 종교로 빠르게 발돋움하게 된 다. 예수 그리스도의 이름을 따 그리스도크리스트, 기독교로 불리게 된 이 종교는 유럽, 아시아, 아프리카 등에 전파되었고 당시 서방 세계의 중심지인 로마에도 상륙했다. 기독교도들은 예수의 제자 베드로와 최고 이론가 바울을 중심으로 '교회'라는 조직을 건설하고 활발한 전도 활동을 펼쳤다. 배타적 교리와 교회 조 직으로 뒷받침된 기독교는 유대인들만의 신 여호와를 전 인류의 신으로 전파하 면서 믿는 신자에게 사후의 구원을 약속하며 문호를 확장했다. 특히 로마 치세 에서 소외되고 핍박받는 민중들에 대한 '사랑'은 기독교가 강력하게 전파된 요 인이었다.

이에 자신을 신으로 여긴 로마 황제들은 기독교를 박해했고 네로 황제37~68에 의한 학살이 그 대표이다. 네로 황제는 서기 64년, 6일 동안 일어났던 로마 역사상 최악의 화재에 대한 방화 혐의로 기독교도들을 학살했다. 그는 신자들을 체포한 후 심한 고문을 하고 무조건 형벌에 처했다. 기독교도들은 짐승의 먹이가 되거나 십자가형, 화형에 처해졌고 묶인 채 태워져 밤에 횃불 대신 쓰이기도 했다. 그러나 이러한 박해는 오히려 기독교에 대한 관심을 높여 그때까지 1000여 명에 지나지 않았던 기독교 신자 수는 급격하게 늘어났다. 로마는 베드로와 바울을 처형했지만66 두 사람의 순교 이후 기독교도들은 박해를 피해 지하 동굴 등에서 집회를 하면서 활동했으며 300여 년 후 기독교는 로마의 국교가 된다392.

이들을 이끌고 결집시킨 것은 예수의 사도 및 제자들이 펴낸 복음서로 예수의 말씀과 행적을 회상하는 내용이다. 가장 먼저 나온 것이 『마가복음』이며 세무 공무원 출신 마태가 펴낸 『마태복음』은 마가가 누락한 내용을 보충해 펴낸 것이다. 이방인 의사 출신 누가는 뛰어난 문학성을 깃들인 『누가복음』과 사도들에 관한 이야기인 『사도행전』을, 예수의 총애를 받았던 요한은 『요한복음』과 『요한계시록』을 펴냈다. 그리고 이러한 복음서들과 바울에 의해 기록된 서신서들은 유대인 역사서인 『구약성경』과 함께 기독교의 경전이 된 『신약성경』이 되었다.

기독교 탄생의 모체였으나 예수를 사형시키는 데 앞장섰던 유대인들은 알렉산드로스의 지배를 받았다가 기원전 1세기경 로마의 속주로 편입된 후 계속적인 폭정에 호구 조사를 거부하는 등 항거를 계속했다. 그러나 60년경부터 벌인 유대의 2차에 걸친 독립 투쟁은 로마군의 포위 작전으로 예루살렘이 함락70되면서 실패했고, 나라를 완전히 잃은 유대인들은 로마 제국 각지로 뿔뿔이 흩어졌다135. 58만 명에 달하는 유대인들이 사망하고 나머지도 유랑하는 처지가 되면서 유대인은 결국 팔레스타인 지역의 소수 민족으로 전락했다. 세계사록

로마의 평화시대:
현명한 황제들, 평화를 낳다

기원전 18년 로마는 공화정 대신 제정을 선택하여 제국의 길로 향했다. 콘술집정관 옥타비아누스는 공화정 시기 여러 관직으로 분산되어 있던 군사대권과 호민관, 도덕담당관까지 차지하면서 권력을 자기 수중에 집중시켰고 그를 통해 일인독재를 확립했다. 백년 내란에 마침표를 찍은 그에게 원로원이 '아우구스투스'라는 호칭을 수여하면서 제정이 시작된 이 시기부터 '팍스 로마나Pax Romana' 시대가 열렸다. 팍스 로마나는 라틴어로 '로마의 평화'라는 뜻이며 아우구스투스 시대부터 5현제 시대까지를 일컫는 말이다. 제국 최대의 영토를 구가하던 로마를 중심으로 제국 내 유럽, 북아프리카, 아시아 등 속주 전체가 상대적으로 평온했던 시기로 이 시기 속주는 로마의 지배를 인정하는 한 일정한 자치를 허락받았다.

특히 5대에 걸친 탁월한 황제들의 통치는 로마 제국의 평화와 안정의 큰 요인이 되었다. 5현제 시대의 막을 연 네르바 황제30~98의 뒤를 이어 로마 최초 속주 에스파냐 출신 황제인 트라야누스53~117는 로마의 판도를 최대로 넓혔다. 트라야누스와 같은 속주 출신으로 황제에 오른 14대 하드리아누스76~138는 물려받은 영토를 지키기 위해 동방으로는 파르티아와 화의를 체결했고 게르마니아 지역의 라인강과 엘베강을 따라 국경선을 구축해 길이가 550킬로미터에 달하는 '게르마니아 방벽'을 건설했다. 현재 영국인 브리타니아 북부에 길이 120킬로미터에 이르는 '하드리아누스 방벽' 또한 이때 건설함으로써 중국의 만리장성과 같이 하드리아누스의 울타리를 만들어 평화적이고 방어적인 정책 아래 내실을 기했다. 평생 동안 제국을 순행하는 데 힘썼던 하드리아누스 시기에 '판테온만신전萬神殿'이 개축되었는데, 이는 그리스 양식의 돔형 신전으로 본당 내부 7개의 방에 제우스 등 일곱 신을 안치한 것이다. 무려 30만에 달하는 로마의 모든 신들에게 바쳐진 이 건물은 당시 경이적인 로마의 토목 기술을 그대로 볼 수 있는 서양 건축 역사상 불후의 명작 가운데 하나로 손꼽힌다.

로마가 16대 황제 마르쿠스 아우렐리우스121~180를 포함하여 5현제로 불리는 명군들을 잇달아 보유하게 된 것은 합리적인 후계 방식 덕분이다. 이 방식은 가장 훌륭한 인물을 황제가 원로원과 합의해 후계자로 임명하는 것이다. 이에 로마는 건국 이래 최대의 영토를 평화적으로 유지하며 대규모 재정 흑자 등 경제 호황을 누렸고 본토와 속주 모두에서 로마 문화가 꽃피는 등 팍스 로마나의 절정에 올랐다. 안토니누스 피우스86~161로부터 제위를 이어받은 아우렐리우스는 국민들의 높은 지지를 받았다. 그는 모든 것이 신의 섭리대로 된다고 믿는 경건한 스토아 철학자로 전장에서 틈틈이 『명상록』을 집필했다. 외적 성과에 집착하지 말고 내적인 평화와 만족을 찾으며 조용히 죽음을 기다리는 삶을 살라는 그의 생각은 당시 최고 수준의 삶을 살면서도 끝없는 쾌락을 추구하던 로마인에게 필요한 것이었다.

아우렐리우스 황제가 해외 원정 중 도나우 강변 진중에서 사망하면서 로마 제국의 앞날에는 먹구름이 끼기 시작했다. 이미 황제 재위 말년에 게르만족, 마르코마니족 등의 출몰로 변경이 점차 불안한 양상을 띠었고 경제도 기울어갔다. 그런데 심지어 4대째 이어온 민주적 후계 방식을 폐기한 채 독단적인 성격의 친아들 콤모두스161~192를 황제에 앉힌 것이다. 로마 제국 역사상 유례없는 이 같은 세습제의 도입은 원로원의 반발을 샀고 콤모두스는 로마 제국 사상 최악의 황제 중 한 사람으로 '포학제暴虐帝'라고 불리게 된다. 철인이라 불렸던 황제가 자식 앞에 무너지면서 로마 제국도 기울어갔다. 세계사록

목욕하다가 솔로 탈출했어요

목욕탕	(/_<\)

I

퇴근 후엔

아… 힘들다…
이놈의 월급쟁이 신세ㅜ

오늘은 칼퇴하고
쌓인 피로 좀 풀어야지ㅋㅋ

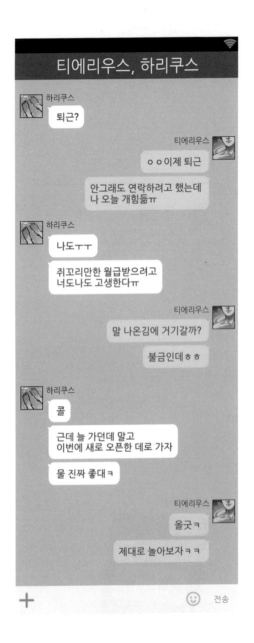

으하항ㅎㅎㅎ
물 좋은 곳이라니ㅋㅋ
벌써부터 기대되는걸?

그럼~ 그러엄~
불금엔 목욕탕이지ㅋ

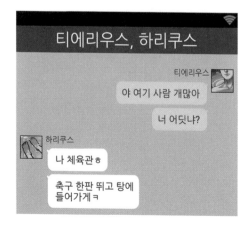

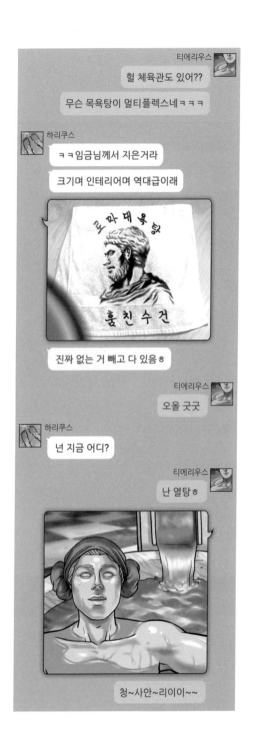

아~ 개운하다~

목욕하고 나오니까
아기 피부가 됐네ㅋㅋ #뽀송뽀송

음~
근데 이제 뭐하지?

#로마목욕탕
#남녀혼탕 #될놈될

그랬다고 합니다.

- 로마 시대 목욕탕은 사교 모임의 장소로 도서관, 체육관, 강연장 등 각종 시설이 있었다. 황제들, 자신들의 권위를 과시하기 위해 보다 크고 화려한 목욕탕을 만들다. 로마 전성기 무렵, 800개가 넘는 공공목욕탕이 운영되다.
- 초기엔 남녀혼탕으로 운영되었다가 점차 풍기문란한 난교의 장소가 되자 남녀가 분리되어 입장, 1주일에 한 번만 목욕하라는 등 제한령이 내려지기도 하다.
- 콜로세움, 베스파시아누스 황제 때 짓기 시작해, 80년 티투스 황제대에 완공되다. 검투 시합, 맹수 사냥, 전차 경주 등 로마인들이 오락을 즐기는 장소가 되다.

고대 로마 전반

기원전　　　　기원후

300　　　　100　　　　100　　　　300　　　　500　　　　700년

 ZOOM-IN ★ 세계사 / 돋보기 ★ HISTORY

180년 ~ 313년

로마 제정 말기:
제국의 몰락, 그 시작에 대하여

팍스 로마나 시기 로마는 영토가 최대에 이르러 북
으로 라인강과 다뉴브강에서부터 아시아, 아프리카,
지중해 주변 3대륙을 지배했다. 지중해를 호수로 삼
은 이 당시 로마 제국은 지금의 런던, 파리, 리옹, 쾰
른, 빈 등 오늘날 유럽의 주요 도시를 다 식민 도시로
삼아 법률과 강력한 군사력으로 지배했다.

상영관 : 콜로세움
좌석 : 커플석 2인

 .이 시기 통치를 위해 로마는 길이가 8만 5000킬
로미터에 달하고 지반 두께가 2미터에 이르는 견고
한 도로망을 건설했는데 이 때문에 '모든 길은 로마로 통한다'는 명언이 남겨졌다.
로마의 도로는 현대의 모래-자갈-콘크리트-아스팔트로 두껍게 짓는 도로에 견주
어도 그 강도가 뒤지지 않으며, 이때 만들어진 도로의 규격은 현재 전 세계 도로
차선폭의 기준이 되었다. 도로를 포함한 로마의 콜로세움, 개선문, 공중목욕탕, 수
도교와 같은 건축물은 당시 개발된 '콘크리트 공법' 등 놀랄만한 건축 기술로 세워
져 현재까지도 그 위용을 자랑할 만큼 실용적이고 견고하다. 뿐만 아니라 현대 서
양 법률의 기본이 되는 로마법은 동양의 중국, 한국, 일본, 대만에까지 영향을 주
었다. 이처럼 로마의 문화는 그리스와 헬레니즘 문화를 계승했으면서도 통치를
위한 실용성이 빛난다. 이는 상공업 발달로 도시가 번영하고 동서 교역도 활발해
지면서 로마인들이 속주들로부터 유입된 헬레니즘과 같은 다양한 문화와 부를

향유하며 이루어졌다.

이렇게 번영을 구가했던 로마 제국도 5현제 시대 이후인 기원후 2세기 말부터 쇠퇴기에 접어든다. 정복 전쟁이 멈추면서 속주로부터의 공납이 증가하지 않자 궁핍해진 재정을 만회하기 위해 속주들에게 시민권을 부여하고 증세를 했는데, 그에 따라 지중해 주변이 로마화하면서 로마의 우위가 점점 흔들리게 되었다. 다양한 민족으로 구성된 속주 군단들이 하급 병사에서 출세한 지도자들을 앞세워 싸웠고, 이에 따라 강력하고 현명한 황제 대신 군인 황제들이 등장하며 50년 동안 26명의 황제들이 세워지고 물러나기를 반복했다. 이런 현상이 국력의 약화를 초래하면서 속주들에서는 반란이 빈번해졌고 사산조 페르시아와의 전쟁과 게르만족 같은 이민족의 침입은 로마 제국 몰락의 징후가 되었다.

사실 로마 제국의 번영은 정복에 의한 영토 확장과 이에 따른 전리품과 공납의 산물이었다. 기술 개발이나 혁신을 수반한 생산적 경제 발전의 혜택이 아니었기 때문에 정복 사업이 한계에 도달하면 경제가 쇠퇴하는 것은 자명한 일이었다. 거기에 제국 통합의 핵심인 황제권이 동요하면서 제국은 쇠락할 수밖에 없었다. 상업은 내란으로 장애를 받았고, 경제적 발전으로 자급자족 단계에 도달한 속주들로 인해 국제적 무역은 상류층의 사치품 취급이 주류를 이루었다.

제국의 팽창이 멈춘 상태에서 속주로부터의 노예 유입이 끊어짐에 따라 공화정 말기의 라티푼디움 경영이 사라진 대신 부자유한 소작농콜로누스에 의해 농장이 경작되는 '콜로나투스' 제도가 유행했다. 당시 로마에서는 페스트를 비롯한 질병의 유행166과 잦은 내란 등으로 인구가 감소해 노동력이 귀해졌다. 그래서 초기엔 자유로웠던 콜로누스는 점차 토지에 결박되는 부자유한 신분이 되었다. 거기에 유력한 지배층은 대지주로서 면세 특권을 획득했기 때문에 무거운 세금에 고통받던 자유농조차 대지주의 보호를 받기 위해 자유를 버리고 콜로누스로의 전락을 선택했다.

이처럼 중산층이 몰락하고 빈민이 증가함에도 불구하고 지배층에서는 오히려 사치와 향락이 만연했다. 크고 호화로운 저택에서 연회를 베풀며 부를 자랑하고, 시민들을 전차 경주, 검투 경기에 몰두시켜 국가에 대한 불만을 갖지 못하도록 하는 일명 '빵과 서커스 정책'을 실시했다. 거대하고 사치스러운 공중목욕탕 같은 대건축물들을 계속적으로 건설하며 쾌락을 추구했던 것은 제정 내내 계속된 로마 지배층의 모습이었다. 이런 가운데 절대 다수를 차지하는 민중과 노예는 빈곤과 생활고에 지쳐갔으며 부유함을 누리던 지배층조차도 내전과 불안함 속에서 허무함을 느끼게 되면서, 그들이 공화정 시기에 보여주었던 국가에 대한 충성은 더 이상 기대할 수 없는 것이 되었다. 이후 로마를 다시금 재건하고자 하는 노력이 일련의 황제들에 의해 있기도 했지만 그것은 마치 죽음이 예정된 환자에게 잠깐 호흡기를 달아 연명해 준 것에 다름이 없었다. 제국의 로마는 그 제국 자체가 가진 내적 한계로 세계사의 무대 뒤로 사라져야 하는 시기를 맞게 된다. 세계사록

간다라로 간다

제우스   닮았...

부처   하핫;;;

I

피규어신

나, 인도 사람.

저번에 해외여행 다녀왔는데,
완전 신세계더라ㅎㅎ

외쿡 애들이랑 친해져서
전번도 교환했어!

지금은 시도 때도 없이
일상 토크중ㅋㅋ

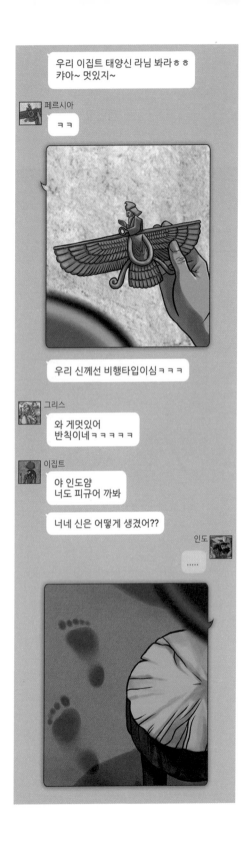

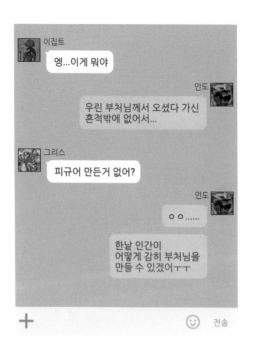

부처님을 만들다니…!
어떻게 감히 그래…!

부처님은 #내_마음속에_저장돼
있는 분이라고.

으으음…
그치만……

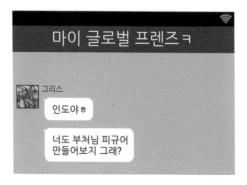

아 떨려ㄷㄱㄷㄱ
내 손으로 부처님 피규어를 만들다니…!

열심히 하자!
불심불심!

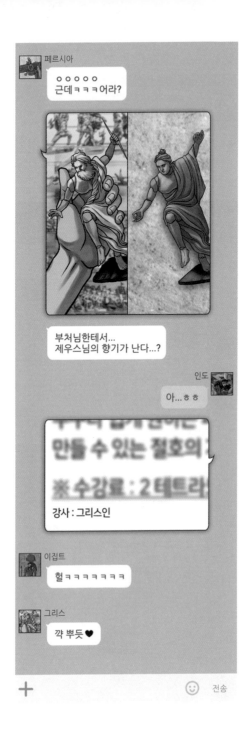

#부처헤어 #물결펌
#부처패션 #하늘하늘원피스

그랬다고 합니다.

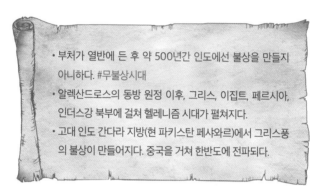

- 부처가 열반에 든 후 약 500년간 인도에선 불상을 만들지 아니하다. #무불상시대
- 알렉산드로스의 동방 원정 이후, 그리스, 이집트, 페르시아, 인더스강 북부에 걸쳐 헬레니즘 시대가 펼쳐지다.
- 고대 인도 간다라 지방(현 파키스탄 페샤와르)에서 그리스풍의 불상이 만들어지다. 중국을 거쳐 한반도에 전파되다.

BC 1세기 ~ AD 7세기 고대 인도

쿠샨 왕조와 카니슈카 왕:
대승불교,
간다라에서 헬레니즘을 만나다

마우리아 왕조의 뒤를 이은 슝가 왕국기원전 185~기원전 75 시기는 인도 서북부 지역을 외국 세력에게 넘겨주었던 시기이다. 푸샤미트라 슝가는 아들 아그니미트라 왕자에게 왕위를 계승했는데 그는 칼리다사의 연극에 영웅으로 등장한다. 칼리다사는 산스크리트극의 걸작 『샤쿤탈라』 외에 최고 수준의 희곡과 서정시, 서사시 등을 남긴 인도 문학사상 최고의 작가이며 궁정 시인이다. 슝가 왕조는 칸바 왕조로 이어지며 약 1세기 동안 북 인도를 통치했다.

기원후 1세기 중엽은 인도 대륙 남부의 안드라 왕조, 북부의 쿠샨 왕조의 통치로 대표되는 인도 분열기이다. 쿠샨 왕조는 인도 대륙의 북서부 간다라에서 쿠줄라 카드피세스30~80 재위가 주변 제후국과 파르티아를 몰아낸 뒤 개창한 이란계 왕조이다. 페샤와르에 도읍을 정한 쿠샨 왕조는 중앙아시아에서 갠지스 유역에 이르는 광대한 영역을 다스리며 중국, 이란, 인도를 연결하는 무역로를 독점해 중개 무역으로 번성했다.

쿠샨 왕조는 130년경 카니슈카 왕 시기에 가장 번성했고 불교 또한 발달했다.

카니슈카 왕은 정복 전쟁을 활발히 벌였는데 동서로는 터키 일부에서 갠지스까지, 남북으로는 중앙아시아에서 중부 인도까지 그 영토를 확장했다. 이 시기의 영토 확장으로 간다라 지방의 푸르샤푸라로 수도가 옮겨지고 각 지방에 사트라프가 파견되면서 국제 교역과 국내 경제가 활성화되었고 사회 문화의 발전도 같이 이루어졌다.

이러한 발전을 배경으로 왕조의 적극적 지원을 받은 대승불교가 발달했다. '상좌부 불교'라 불리는 이전 불교에서는 부처를 개개인의 깨달음으로 이끌어주는 안내자이자 역사적 실존인물이라 보며 개인의 구원을 중시했다. 이에 비해 '대승불교'는 부처를 신의 화신 즉 구세주라는 절대적 존재로 숭배하면서 인류 전체의 구원과 타인의 열반을 중시했다. 카니슈카는 대승불교를 받아들여 중앙아시아, 중국, 스리랑카, 버마 등지까지 포교단을 파견했고 곳곳에 거대한 사원과 불탑을 세웠다. 이러한 불교의 국내외 전파에 대한 카니슈카의 적극적인 지원으로 대승불교는 동북아시아로 전파되었다. 또한 이 시기 불교철학자 사르스바의 권고로 캐시미르 쿤달라바나 계곡에서 전국 규모의 종교회의를 소집했다. 불경을 수집하고 종파 간 상이점을 보이던 교리를 통일시키기 위해 열린 이 종교회의를 통해 20여 개로 분열되었던 불교계가 통합을 이루었다. 이로부터 대승불교가 확고한 이론적 기반과 힘을 가지게 되어 불교 역사에 새 기원이 마련되었다.

이와 함께 카니슈카는 적극적 문화진흥책으로 정치학의 마라타, 의학의 차라카, 철학의 아슈바고샤 등 유능한 학자들을 배출시켰고 간다라 문화를 꽃피웠다. 간다라 문화의 발달은 특히 인도 문화와 헬레니즘 문화가 융합된 불교 미술 부분에서 가장 잘 나타났다. 이전 부처의 제자들은 부처가 깨달음에 이르렀던 보리수나 부처가 앉았던 자리, 또는 부처의 가르침을 의미하는 수레바퀴, 부처의 사리를 모셔 둔 '스투파'나 발자국을 신앙의 대상으로 삼았다. 그러나 이 시기 간다라 지역에 살던 그리스인들이 신을 인간과 같은 형태로 만들어 숭상하는 것을 본 인도인들은 불상을 만들었고 이것은 간다라 미술의 특징이 되었다. 이처럼 그리스적 문화 양식은 그 자취를 불상의 이목구비와 헤어 스타일에 담은 채 대승불교를 받아들인 한국과 중국, 일본에까지 불상을 통해 전파된다. 세계사록

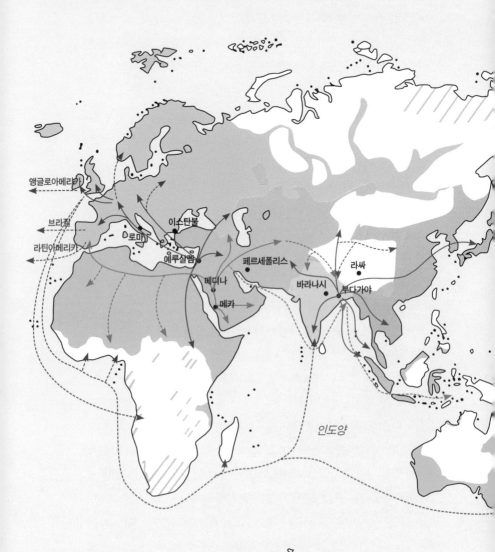

종교의 전파

앵글로아메리카

브라질

라틴아메리카

이스탄불

로마

예루살렘

메디나

메카

페르세폴리스

바라나시

부다가야

라싸

인도양

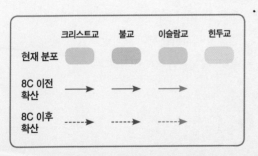

	크리스트교	불교	이슬람교	힌두교
현재 분포				
8C 이전 확산	→	→	→	
8C 이후 확산	⇢	⇢	⇢	

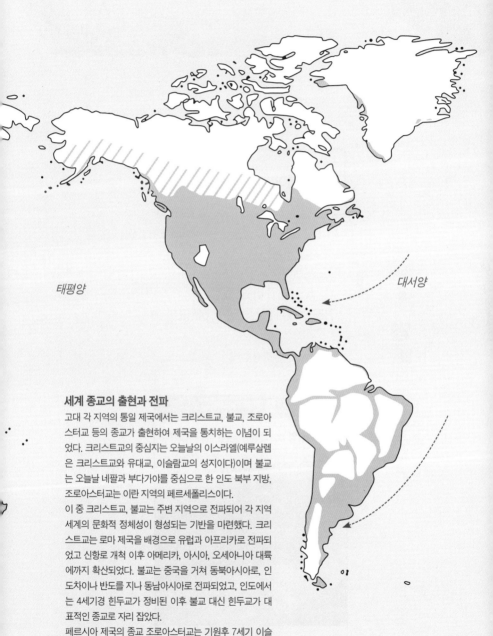

태평양

대서양

세계 종교의 출현과 전파

고대 각 지역의 통일 제국에서는 크리스트교, 불교, 조로아
스터교 등의 종교가 출현하여 제국을 통치하는 이념이 되
었다. 크리스트교의 중심지는 오늘날의 이스라엘(예루살렘
은 크리스트교와 유대교, 이슬람교의 성지이다)이며 불교
는 오늘날 네팔과 부다가야를 중심으로 한 인도 북부 지방,
조로아스터교는 이란 지역의 페르세폴리스이다.

이 중 크리스트교, 불교는 주변 지역으로 전파되어 각 지역
세계의 문화적 정체성이 형성되는 기반을 마련했다. 크리
스트교는 로마 제국을 배경으로 유럽과 아프리카로 전파되
었고 신항로 개척 이후 아메리카, 아시아, 오세아니아 대륙
에까지 확산되었다. 불교는 중국을 거쳐 동북아시아로, 인
도차이나 반도를 지나 동남아시아로 전파되었고, 인도에서
는 4세기경 힌두교가 정비된 이후 불교 대신 힌두교가 대
표적인 종교로 자리 잡았다.

페르시아 제국의 종교 조로아스터교는 기원후 7세기 이슬
람교의 등장으로 세력을 잃었다. 이슬람교는 아라비아 반
도의 메카와 메디나를 중심으로 발전하여 8세기까지 아프
리카와 유럽의 이베리아 반도, 이란 지역까지 장악하였고
그 이후 인도와 동남아시아에까지 진출하였다.

하악… 학… 얇고 가벼운 너란 종이

페이퍼 　　　　빳빳

하나요

명품

지금이야 널린 게 종이라
글도 쓰고 비행기도 접고
가끔은 휴지 대신 쓰기도 하지만,

옛날엔 아니었다.

人數多口來問

왕수영 @gold_swimming 　📍우리집에서

♥ 571명이 좋아합니다.

오늘 득템한 보물ㅋㅋ
#신상 #싹쓸이

장웨이
와 부럽다 뭐죠

양양
가방?? 신발?? 코트??

왕수영
@장웨이 @양양 ㄴㄴ

장웨이
와 미친 대박

양양
헐 좋다 종이ㅠㅠㅠ

리신예
실물로 보는 거 처음이에요 와...

왕수영
ㅋㅋ부럽지?

그랬다.
그 옛날, 종이는
최고급 명품이었다.

둘이요 금손

人數多口來問

리신예 @soil_yeah

♥ 9명이 좋아합니다.

오타났다... 전재산 털어서 겨우 종이 한장
산건데... 살기 싫음 ㅋㅋㅋㅋㅋ

그래서 평민들은
값비싼 비단이나
두꺼운 대나무판에
글씨를 썼는데,

이를 불쌍히 여긴 이가 있었으니.

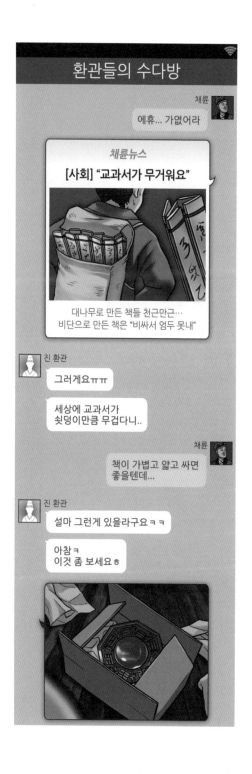

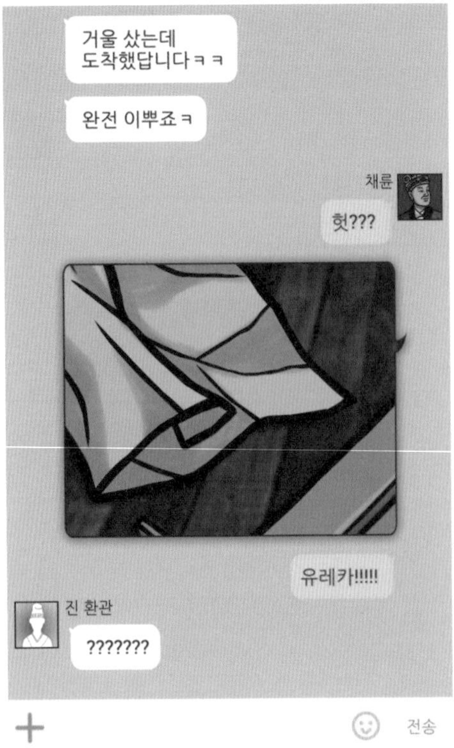

거울 샀는데
도착했답니다ㅋㅋ

완전 이뿌죠ㅋ

채륜

헛???

유레카!!!!!

진 환관

???????

\+ ☺ 전송

셋이요

보급형 종이

구리 거울을 싼
포장지에서 아이디어를 얻은 채륜.

나무껍질, 삼베 조각, 그물 등
각종 쪼가리들을 모아서
얇은 종이를 만들었다.

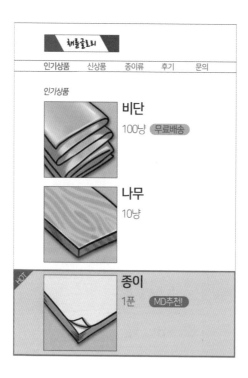

채륜의 종이,
불티나게 팔렸으니.

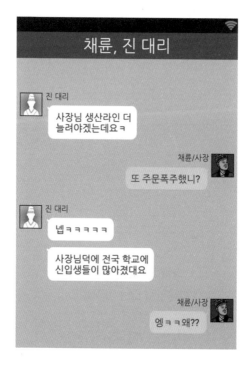

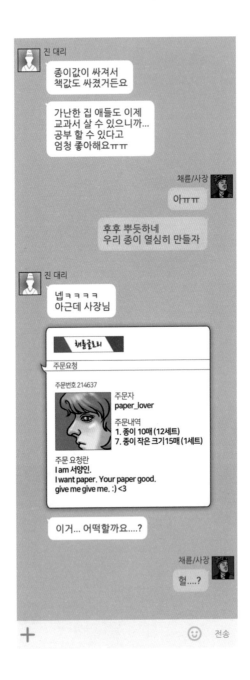

"천하에 채륜의 종이를
사용하지 않는 이가 없다."

#채후지 #중국4대발명품

그랬다고 합니다.

- 글을 쓰는 종이는 전에도 있었지만, 주로 돈 있는 사람만 쓸 수 있는 고급품이었다.
- 후한의 환관이었던 채륜, 구리 거울을 싸던 포장지에서 아이디어를 얻는다. 나무껍질, 삼베, 고기잡이 그물, 헌 헝겊 등 값싼 재료들을 잘게 분쇄해 종이로 만든다. 채륜이 만든 종이라 하여 '채후지'라 부른다.
- 값싸고 보관하기 좋은 종이가 보급된다. 덕분에 학문이 발달하고 유교 및 불교 경전이 널리 퍼지다.

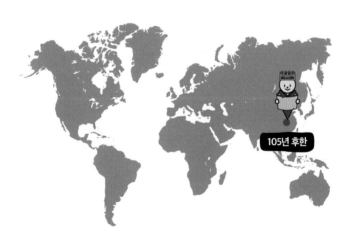

105년 후한

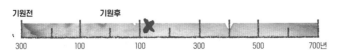

기원전　　기원후

300　　100　　100　　300　　500　　700년

신과 후한 시대:
호족 정권, 중국 고전 문화를 완성하다

기원후 8년 그동안 어린 황제를 내세워 섭정했던 한 황실의 외척 왕망이 신新이라는 새 국호를 내걸고 초대 황제로 즉위했다. 장안성에서 성대한 즉위식을 거행한 그는 유교 이념에 충실한 새 사회를 건설하기 위한 구체적 조치로 정전제를 모범으로 삼는 왕전제王田制를 시행, 모든 토지를 국유로 하여 매매를 금지하고 농민에게 토지를 분배하고자 했다. 노비 매매도 금지했던 그의 개혁 목표는 당시 전한을 쇠퇴로 몰아갔던 호족 세력의 약화였다.

호족은 본래 전국 시대 왕족, 귀족의 후예로 각 지방에서 혈연 관계와 동족 의식을 기반으로 향촌을 지배한 유력자들이다. 대토지와 많은 노비를 소유한 그들은 경제력을 바탕으로, 지방에서 유능한 인재를 추천하여 관리로 임명하는 제도인 '향거리선제'에 따라 중앙정계로도 진출하여 그 세력을 더욱 키웠다. 특히 전한 말 불법적으로 토지를 사들여 거대지주가 되었고 이렇게 사들인 땅을 농민에게 소작을 준 뒤 경작물의 절반을 소작료로 거두어들이는 식으로 재산을 축적했다. 이런 막강한 재력을 이용, 불법적인 사병 집단을 양성하는 방법으로 독자적 세력을 키워나간 이들에 대한 견제가 신 왕조 정책의 목표였던 것이다.

토지 상한선을 제한한 '한전제限田制'와 같은 왕망의 호족 억제 정책은 호족들의 거센 반발을 불러일으켰다. 그와 함께 덮친 기근으로 눈썹을 빨갛게 칠한 적미적, 녹림당 등 농민들이 수만 명씩 난을 일으켜 왕망은 사면초가의 상황에 빠졌다. 이에 호족과 연합한 광무제 유수기원전 5~기원후 57에 의해, 16년간 끊겼던 한 제국의 왕통이 낙양뤄양에서 다시 세워지니 이를 후한25~220이라고 한다. 이처럼 후한은 광무제 자신의 힘과 세력이 아닌 전적으로 호족들의 지원에 의존해 건국됐기 때문에 전한대와 같은 중앙정부의 강한 권위를 기대할 수 없었으며, 전한을 쇠퇴로 이끌었던 호족의 득세와 그에 따른 농민의 몰락은 해결하지 못한 채 그 명맥을 이어나가게 된다.

그럼에도 후한 시기 괄목할 만한 역사적 발전들은 고전 문화의 완성이라는 측면에서 전한의 업적을 그대로 계승한 것이다. 전한 말 후한 초기 기원을 전후하여 중국 종교와 사상, 백성들의 삶에 가장 큰 영향을 미치는 '불교'와 간다라 미술이 비단길을 따라 유입되었다. 한 무제 이후 비단길을 통한 서역 산물의 중국 유입과 활발한 물자 교역에는 중앙아시아의 이란계 민족과 인도인이 참여하고 있었다. 이들 사이에는 이미 불교가 유행하고 있었기 때문에 상인을 매개로 불교가 중국에 유입된 것으로 본다. 60년경에 이미 불교가 빠르게 확산되어 낙양과 남부지방의 교주를 중심으로 상당수의 불교도가 활동했다. 이후 낙양에 백마사와 허창사 등 대규모 사찰이 건립되었고 환제132~168는 궁궐 안에 부처를 모신 사당을 세우면서까지 불교를 장려했다. 그러나 중국인들은 처음에 불교를 중국 전래의 '황로 사상'으로, 윤회 사상을 '불로장생술'로 이해했다. 산스크리트어의 한자 번역이 어려워 벌어진 이러한 현상 때문에 이후 불경 번역 작업이 요구되었고 이에 파르티아인 안세고와 안현, 대월지인 지루가참 등 외국 승려에 의한 불경 번역 사업이 시작되었다.

후한 시대는 북 흉노가 잠식한 타림분지 일대의 오아시스 도시들을 되찾은 시기이기도 하다. 반초32~102의 원정으로 카쉬가르, 쿠차, 투르판 등 50여 개 도시국가에 대한 독점적 영향력을 회복했는데 서역도호로 임명된 그는 로마 제국과의 직교역 루트를 개척하고자 했다. 그런 그의 명에 따라 대진국로마으로 떠났던 감영은 로마 부근까지 진출하여 바다를 건너려고 했지만 현지 선원들의 만류로 계획을 포기하고 귀국했다. 이는 중국이 로마와 직접 교역하는 것을 꺼린 파르티아인의 방해 때문이었으나 100여 년 뒤 166년 로마 황제의 사절들은 결국 낙양을 방문하게 된다. 환제는 최초로 중국 땅을 밟은 이들을 국빈 예우를 갖춰 환영

했고 마르쿠스 아우렐리우스 황제의 명을 받아 바다를 돌아 도착한 이들은 로마에서 중국 비단이 인기상품이라는 것을 알렸다.

반초의 형제인 반고32~92는 『사기』에 비견될 만한 역사서인 『한서漢書』를 남겼다. 『한서』는 학자였던 아버지 반표3~54의 유지를 들어 20여 년 만에 완성한 역사서로 『사기』의 기전체를 답습하였다. 그러나 통사체를 취하지 않고 한 왕조만을 잘라 기술하는 체제를 택함으로써 이후 정사에서 연대사체제의 시초가 되었다. 한 고조부터 왕망의 신 멸망까지 전한 시대만을 다룬 『한서』는 문체가 중후하고 힘이 있으며 내용을 압축 서술함으로써 한대 산문체의 대표로 손꼽힌다.

후한 중기 환관이었던 채륜50~121이 가볍고 질긴 '종이'를 개발, 시제품을 화제79~106에게 진상105했다. 나무껍질, 베옷, 고기잡이 그물 등을 분쇄하여 만든 '채후지'의 등장으로 이후 문서와 책의 재료는 급속히 종이로 대체되었다. 이전에 사용하던 대나무 조각이나 목판에 비해 두께가 얇고 가벼우며 잘 찢어지지 않는 종이의 개발은 중국 내에서의 글과 지식 보급에 큰 영향을 미쳤다. 그뿐 아니라 제지 기술이 당나라 시기 아바스 왕조와의 '탈라스 전투751'를 통해 서방으로 전파되면서 세계 문화사적으로 큰 역할을 담당하게 된다. 세계사록

아프니까 삼국지다

후한황제	#@!ㅐㅇ!	
환관	우쮸쮸	
유비	(분노)	

하나요

비황실세

지금으로부터
1800년 전 중국.

여긴 썩을 대로 썩은 나라, 후한.

후한황제

ㅂㅈㄷ3: ㅇ

글조차 모르는
꼬꼬마 친구가

황제로 군림하고 있는데.

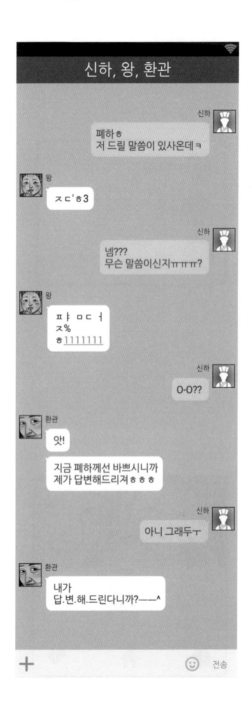

탐욕스런 환관들은
허수아비 황제를 앞세워
제 배만 불려댔다.

거기에 고통받던 백성들.

人數多口來門

황건적 @yellowtowel2

배고파서 못살겠다
이딴 나라 차라리 망해라
#노란수건 #황건적 #데뷔

♥ 61356명이 좋아하시오!

잔뜩 분노하여
머리에 수건을 두르고
도적이 되었으니.

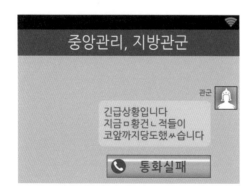

중앙관리, 지방관군

관군

긴급상황입니다
지금ㅁ황건ㄴ적들이
코앞까지당도했ㅆ습니다

📞 통화실패

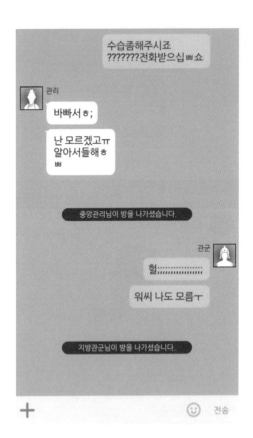

오히려 곡식 창고를 열어두고
도망치는 관군들.

후한의 운명은 마치
1퍼센트 남은 배터리처럼 위태로웠다.

그러나 이때!
혜성처럼 나타난 자들이
있었으니!

人數多口來門

 원소 @wonsojung

나 지금 군마랑 무기 모은당ㅎㅎㅎ
황건적들 다 주거써
#명망쩌는_가문 #후한지킴이 #토벌하러가유

 61356명이 좋아하시오!

人數多口來門

 조조 @jojo_workaholic

나라의 녹봉을 먹는 공무원으로서,
책임지고 나라를 구하도록 하겠습니다.
#공무수행중 #출정전_한잔의여유

 78536명이 좋아하시오!

다 주거써ㅋㅋㅋ
#강동의호랑이_어흥 #누런두건나와라

♥ 56887명이 좋아하시오!

흙수저들의 봉기

가히 올스타전!

이름난 금수저들이
나라를 구하러 총출동했다.

#호족 #호벤저스

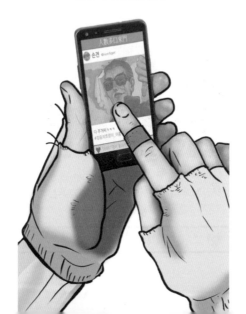

하지만 이 장면을 씁쓸히
쳐다보는 이가 있었으니.

#짚신장수_유비
#정육점아들_장비
#범죄자_관우

흙수저 삼형제,
황건적 토벌에 나서다.

훗날 유비, 촉한을 세우고
황제가 되다.

그랬다고 합니다.

관우 유비 장비

- 184년 후한 말, 대규모 농민 봉기가 일어나다. 노란 두건을 쓰고 있다 하여 '황건黃巾적'이라 부르다.
- 유비는 그의 고향 탁현에서 관우, 장비와 함께 500명의 의병을 모집하여 황건적 토벌에 나섰다.
- 그들이 복숭아밭에서 의형제를 맺었다는 '도원결의'는 나관중의 소설 『삼국지연의』에서 창작된 것으로 실제 역사와는 조금 다르다.

198년 후한 말기

기원전   기원후

300   100   100   300   500   700년

2세기
~
280년

후한 멸망과 삼국 시대:
외척과 환관, 호족 그들만의 전쟁

중국의 고전 문화가 완성된 한 왕조는 그야말로 제국이라고 표현해도 과언이 아
니다. 400여 년 역사를 유지하며 많은 인재를 배출했고 정치 사회 경제 문화 모
든 면에서 중국 역사의 한 획을 그은 왕조였다. 그러나 외척과 환관의 횡포로 황
제권이 약화되고 호족 세력이 대토지 소유를 중심으로 강해지면서 국가 재정의
원천인 농민들이 급속도로 몰락하며 한 왕조도 끝을 향해갔다. 민간의 신비주의
가 도가 사상과 결합한 장각의 '태평도'를 중심으로 농민들이 후한에 반란을 일으
켰고184 이것이 누런 두건을 쓴 도적의 반란인 '황건적의 난'이었다. 그 후 황건적
의 난을 진압하기 위해 각지의 호족들이 자신의 세력을 키워 서로 대립, 할거하는
시기가 도래하는데 이것이 소설 『삼국지연의』의 배경이 되는 삼국 시대이다.

　외척 세력은 황제의 모후를 중심으로 한 외가와 황후를 중심으로 한 처가 세력
이다. 각국이 대립 경쟁하던 춘추전국 시대 제후는 정략결혼을 통해 배우자를 타
국에서 맞이했기 때문에 왕후의 일족이 세력을 키우기 곤란했다. 중국 역사상 외
척 세력이 국정을 좌우하게 된 것은 한대에서 비롯되었고 이후 끊임없이 정치상
의 문제로 제기되었다. 특히 황제가 어리거나 능력이 약한 경우 외척이 섭정하면
서 득세했다. 황제는 이런 외척의 횡포를 환관 세력을 이용하여 억제하려 했다.
그러므로 환관이 집단을 형성하여 외척과 대신을 상대로 정치 투쟁을 시작한 것
은 한대에서 시작되었다.

　전한 시대에는 외척과 환관의 다툼에서 외척이 승리하여 왕망이 전한을 멸망시

키고 신을 세웠다. 반면 후한 시대에는 외척과 유생이 모두 환관에게 참패하면서 정치를 환관이 장악하게 된다. 2세기 중반 환관들은 당쟁 혐의를 들어 유생들 수백 명을 체포, 처형, 유배형에 처하기도 했다. 이러한 환관과 유생들의 심각한 대립 속에 지방 호족들은 농민을 더욱 가혹하게 수탈했다. 한대에는 환관이 전횡을 하면서도 황제를 폐위하거나 죽이는 일은 없었지만 그 폐해는 심각해져 당나라 대에는 환관이 황제를 마음대로 폐립하기도 했다.

황건적의 난 이후 호족들이 자립하면서 한 제국이 막을 내리고 천하는 위·촉·오 삼국으로 분할되었다. 꼭두각시 황제를 내세워 사실상 후한 정부를 좌지우지해 오던 승상 조조가 죽자 그의 아들 조비는 헌제로부터 양위받아220 새 왕조 위를 개창했다. 그러자 조조에 맞서 세력을 키워오던 유비와 손권도 각각 촉한과 오를 건국했다. 이 같은 중국의 분열은 황건적의 난 진압을 위해 각지의 호족 세력이 나설 때부터 이미 예견된 일이었다. 황건적의 난이 끝나자 그동안 힘을 키운 호족들은 국정 혼란의 책임을 씌워 당시 집권 세력이었던 환관들을 제거한 뒤 자신들끼리 권력 투쟁을 벌였으며 그 중 최후의 승리를 거둔 자가 조조였던 것이다.

위·촉·오가 60여 년간 대립하던 삼국 시대 동안 이들의 대립 항쟁은 결과적으로는 중국 전체의 부국강병을 가져왔다. 위나라는 동북 지방을 정벌하여 세력을 확대했는데 이 시기 관구검이 고구려를 정벌했고 이로 인해 만주, 한반도 및 일본 일명 '동이'에 대한 사정이 중국에 알려지면서, 당시를 연구하는 데 귀중한 자료가 되는 『삼국지』 「위지 동이전」이 편찬되었다. 이와 함께 오나라는 강남 지방, 촉나라는 서남쪽 내륙을 개간 개발하여 당시 중국인에게 미지의 세계였던 주변 지역에 중국인들이 이주하기 시작했다. 이에 중국 문화가 전파되면서 중국이 영토를 확대 팽창할 수 있는 교량이 만들어졌다.

삼국 시대는 '계륵', '괄목상대', '수어지교', '백미', '읍참마속' 등 많은 한자어와 '적벽대전'을 남기고, 위의 유력한 장군으로 왕위를 찬탈한 진晉 무제 사마염 236~290에 의해 중원이 통일280되면서 끝이 났다. 세계사록

talk 36

오오 강냉이님이시여

옥수수 　　　ㅇ△ㅇ

I

견
적

좀

아름답고 싶고,
누군가를 닮고 싶은 욕망은
오래전부터 있었다.

이곳,
고대 중앙아메리카에선
벌써 #성형열풍이 불고 있으니.

오늘 밤 견적왕은 **마야 마**	〈마야 마, 성형 견적문의 게시판〉	
[견적문의] 눈이랑 코 시술하는데 얼마나 들까요?		(2)
[견적문의] 머리부터 발끝까지 싹다 고쳐주세요ㅋ		(1)
[견적문의] 제발 부탁해요 의느님...		(3)
[글쓴이] 엘라도르		

[내용]

제 사진이구요...
쌍꺼풀이나 코 높이는 거 말고
누구 좀 닮게 만들어주실 수 있나요??

[댓글] **의느님** 맡겨만 주세요~^^
아주 또옥같이 시술해드립니다~!
누구? 전지현? 송혜교?

엘라도르 아뇨...
바로 이분이요

엘라도르 하악..... 길쭉한 머리통....
치솟은 뒤통수..... 아름다워........

의느님 ????

Ⅱ

갓옥수수

척박한 고산지대에서도 잘 자라,
언제나 마야인의 고픈 배를
채워주신 옥느님.

그들에게 #옥수수는
신이나 다름없었다.

마야인들은 진심으로
옥수수를 닮고 싶어 했는데.

옥수수 아가씨

마야인 삶의
시작이요, 끝은 하여튼
#옥수수

그래서
옥수수신으로부터
은총을 받는 방법도 남달랐는데.

ㅇㅇㅋㅋㅋ
이따 축제장에서 만나자

잠시 후

산호세

허 미안해
사람 진짜 많더라ㅜㅜ

너 찾지도 못하구
빵만 받아서 일찍나옴ㅋㅋㅋ

근데 왜 이렇게 빨갛지?

?얌

왜 답없나

님???

+
전송

"마야인, 처녀의 목을 쳐
산 제물로 바치다."
"그 피를 옥수수 가루와 반죽해
나눠 먹다."
#신의은총 #ㅎㄷㄷ

그랬다고 합니다.

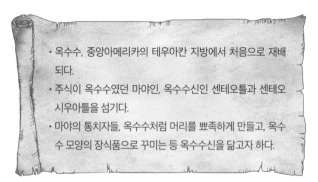

- 옥수수, 중앙아메리카의 테우아칸 지방에서 처음으로 재배되다.
- 주식이 옥수수였던 마야인, 옥수수신인 센테오틀과 센테오시우아틀을 섬기다.
- 마야의 통치자들, 옥수수처럼 머리를 뾰족하게 만들고, 옥수수 모양의 장식품으로 꾸미는 등 옥수수신을 닮고자 하다.

고대 마야 전반

기원전　　　　　기원후

300　　　100　　　100　　　300　　　500　　　700년

베트남:
1000년 중국 지배에 맞선 힘

동남아시아는 크게 대륙부와 도서부로 나뉜다. 대륙부는 유라시아 대륙의 일부로 인도차이나 반도 국가인 베트남, 캄보디아, 라오스, 태국, 미얀마를 아우르며, 도서부는 대륙부의 동남부 인도네시아로부터 동티모르에 이르는 수많은 섬 국가인 말레이시아, 싱가포르, 브루나이, 필리핀을 가리킨다. 이들에게는 푸난, 참파, 스리위자야, 샤일렌드라라는 고대 4국가의 기억이 있는데, 현재 동남아시아 각국의 국경선이나 역사와 연속선상에 있는 것은 아니지만 동남아시아 역사의 흐름과 문화에 영향을 끼쳤다. 동남아시아는 고온다습한 기후의 특성상 기록이 전해지기 어려워 자신들의 역사 기록물이 남아 있지 않다. 그래서 대체로 이들 초기 국가의 역사는 중국 측 역사서나 지리서, 인도의 기록에 의존하는 경우가 많다.

베트남은 대륙부 동남아시아의 중심 국가로 정확한 국명은 '비엣남'이지만 우리에게는 '베트남'이라는 발음이 친숙하다. 베트남은 중국 남부와 맞닿아 있어 중국 측 기록에 많이 언급되고 있다. 네 차례에 걸쳐 중국의 지배를 받았고 그 때문에 근대 시기 중국으로 진출하려는 서양 세력의 침략 또한 거세게 받았던 나라다. 그래서 베트남 역사에서는 중국으로부터 혹은 서양 세력으로부터 독립하기 위한 노력과 함께 왕조들이 수립되었다. 특히 북베트남은 유교와 관료제 등 중국 문화의 영향을 많이 받았지만 거기에 자신들의 독창적 문화를 결합시키거나 중국에 문화를 전했으며, 남으로는 한나라에서 임읍으로 불렸던 참파192~1832나 캄보디아 등의 국가들을 흡수함으로써 강력한 국가를 건설하기도 했다.

베트남은 약 4000년 전 어우꺼와 결혼하여 베트남 여러 부족의 시조가 된 100명의 아들을 낳은 락롱꾸언용의 우두머리으로부터 시작되는 '반랑' 시대가 그 역사의 시작이다. 반랑은 기원전 3세기경까지 청동기 문화를 발전시키면서 북베트남에 존재했던 베트남 최초의 국가로 우리나라 고조선 정도의 위치를 차지한다. 이들은 어우락의 시대를 지나 남비엣 시대를 끝으로 기원전 111년 중국 지배에 들어가는데 남비엣은 현재 비엣남이라는 국명의 기원이 되는 국가이다. 남비엣은 중국의 진과 한에 견줄 만큼 농업 생산력과 해상 교역이 발달했던 강력한 국가였다. 베트남은 남비엣을 계승한 국가로 국명을 똑같이 사용하고자 했다가 중국의 반대에 부딪혀 절충안으로 글자 순서를 바꾸었다. 그 이후부터 시작된 시기를 1000년 동안 중국의 지배를 받게 되는 베트남의 '북속 시대'라고 부른다. 베트남은 그 긴 중국의 지배에도 동화되지 않고 10세기에 결국 독립 국가를 이룩했다.

북속 시대의 대표적인 저항은 '쯩 자매의 반란'이다. 이는 기원후 40년 월나라의 후예 쯩짝, 쯩니 자매가 자신들을 지배해 온 대제국 후한에 반기를 든 사건이다. 쯩짝은 자신의 남편이 중국 관리에게 해를 입자 여동생 쯩니와 함께 군사를 일으켰고, 이 저항이 베트남 전역과 중국의 광동, 광서까지 확산되어 후한 조정을 당황시켰다. 특히 여성들이 군사를 이끌고 대국의 지배에 항거한 것은 역사상 처음 있는 일이었기 때문에 주변 국가들은 이를 예의 주시했는데 쯩짝 자매가 베트남 북부에서 군대를 일으키자 후한 남부의 65개 성이 호응하였다. 쯩짝 자매의 항거에는 토착 지배 세력인 호족들, 특히 여성 지도자들의 도움이 적지 않았던 것으로 알려지면서 당시 베트남에 여성 중심의 모계 사회가 존재했음을 보여준다고 해석하기도 한다. 이후 쯩짝은 왕위에 올랐고 후한은 이를 진압하는 데 3년이 걸렸다. 베트남의 잔 다르크라고 불리는 이들과 같은 활약들이 모여 베트남은 기나긴 중국 지배로부터 독립을 이룩하게 된다. 세계사록

무적민트(박은아)

짝짝짝!『세계사톡』단행본이 나오다니… 크흡!(말잇못) 작업하며 수많은 세계사 유명인들을 만날 수 있어 즐거웠습니다. 독자 분들도 역사 속 인물들과 즐거운 시간 보내셨길 바랍니다.

무적퍼플(한애라)

그림과 메신저 대화로 함께하면 방대한 세계사도 어렵지 않아요.『세계사톡』으로 역사의 매력을 느껴보시길.

무적그린(강세윤)

책으로 읽을 수 있던 세계사를 메신저 창으로 불러냈는데, 그『세계사톡』이 다시 책이 되었습니다. 널리널리 읽혔으면 좋겠습니다.

무적블랙(임민지)

여러 번의 작업과정을 거쳐 재밌게 만들어진 핑크잼의 역사도 이제 시작이겠지요. 태초에 불을 발견한 오스트랄로피테쿠스처럼 후대에 꿀잼이라 기록될『세계사톡』을 위해 항상 새롭고 놀라운 이야기를 보여드리겠습니다.

웹툰〈세계사톡〉크레딧

STAFF	YLAB	저스툰
기획 / 총괄 프로듀서 | 무적핑크	**제작총괄** | 윤지영 심준경	**책임총괄** | 조현주
글 | 무적민트	**책임편집** | 이수지	**담당편집** | 허세현
콘티 | 무적퍼플	**디자인편집** | 성빛나	**온라인 배급** | JUSTOON
삽화 | 무적그린	**도움** | 박지우 성미나 정윤하 최희연	**제작** | 핑크잼
편집 | 무적블랙		

세상의 모든 잼없는 것들에 잼을 바르는 핑크잼!

고대 세계의 탄생

초판 1쇄 발행 2018년 6월 11일 **초판 12쇄 발행** 2023년 11월 17일

지은이 무적핑크·핑크잼
기획 YLAB
해설 모지현
펴낸이 이승현

출판1 본부장 한수미
컬처 팀장 박혜미
디자인 bigwave

펴낸곳 ㈜위즈덤하우스 **출판등록** 2000년 5월 23일 제13-1071호
주소 서울특별시 마포구 양화로 19 합정오피스빌딩 17층
전화 02) 2179-5600 **홈페이지** www.wisdomhouse.co.kr

ISBN 979-11-6220-572-3 04900
        979-11-6220-571-6 (세트)